シリーズ・症例が語る「発達障害」③

小学校高学年

発達障害が映す子どもたち

症状の本性が見えてくる

崎濱盛三［著］

ミネルヴァ書房

刊行にあたって

発達障害者支援法が平成十七年（二〇〇五）四月に施行されてから、発達障害という言葉は随分と知られるようになったのではないでしょうか。

発達障害に関する本も無数に出ています。それにもかかわらず専門家の数は相変わらず少なく、支援を求めて行った発達障害者支援センターなのに理解してもらえなかったと嘆く当事者も少なくありません。

治療薬の扱いにも問題があります。ＡＤＨＤ（注意欠如・多動症）治療薬はかなり助けになる薬なのですが、それ故にＡＤＨＤ以外の発達障害を見落としてしまうことにもなっています。問題が解決しないのはこのＡＤＨＤ治療薬に反応しないからだろうと、数種類ある薬を次々に試すことになります。問題はそこではないのに……子どもの大切な時間だけが過ぎていきます。

発達障害の理解を難しくしているのは、やはり自閉スペクトラム症の奥の深さだと感じます。自閉スペクトラム症を構成する問題（中心症状）は二つあります。大きな枠組みで捉えると、一つは「言葉」の問題で、もう一つは「強迫」の問題です。

人間は言葉でものを考え、言葉で環境世界を捉えます。人間があらゆる生物の中で大きな顔をしているのは、言葉を獲得したからでしょう。強迫は自分ではコントロールするのが難しい衝動行為です。これは古くからある脳の仕業と考えられます。

このように自閉スペクトラム症は、中心問題として、極めて人間的な「言葉の問題」と極めて動物的な「強迫の問題」という、二つの大問題を抱えているのです。しかもそれは生来的、持続的です。即ち自閉スペクトラム症の二つの問題は、生活の中に浸透し、知らず知らずのうちにストレスを与え続けています。そしてそれが徐々に体調不良などの身体の問題や不登校などの社会的問題となって姿を現わすことになります。

その姿は発達の段階や環境などの要因によって様々な形で現われます。姿を潜めて気付かれずにいることもあります。それが「スペクトラム」という名称の所以《ゆえん》です。

子どもの発達障害の臨床では、就学前、小学校低学年、小学校高学年、中学、高校と子どもの成長に伴って現われる姿が変化していくのが見てとれます。そこで、この『発達障害が映す子どもたち』では、各々を一冊の本にまとめ、全五巻としました。「発達障害」を透して、子どもたちのことが新たに浮き彫りになればと思っています。子どもは未熟な大人ではありません。それぞれの年代を一所懸命に生きる「成人」なのです。

二〇二〇年一月八日

崎濱盛三

小学校高学年　発達障害が映す子どもたち

――症状の本性が見えてくる

目次

本文レイアウト・作画　木野厚志（AND・K）
企画・編集　エディシオン・アルシーヴ

序章

小学校高学年に学ぶ

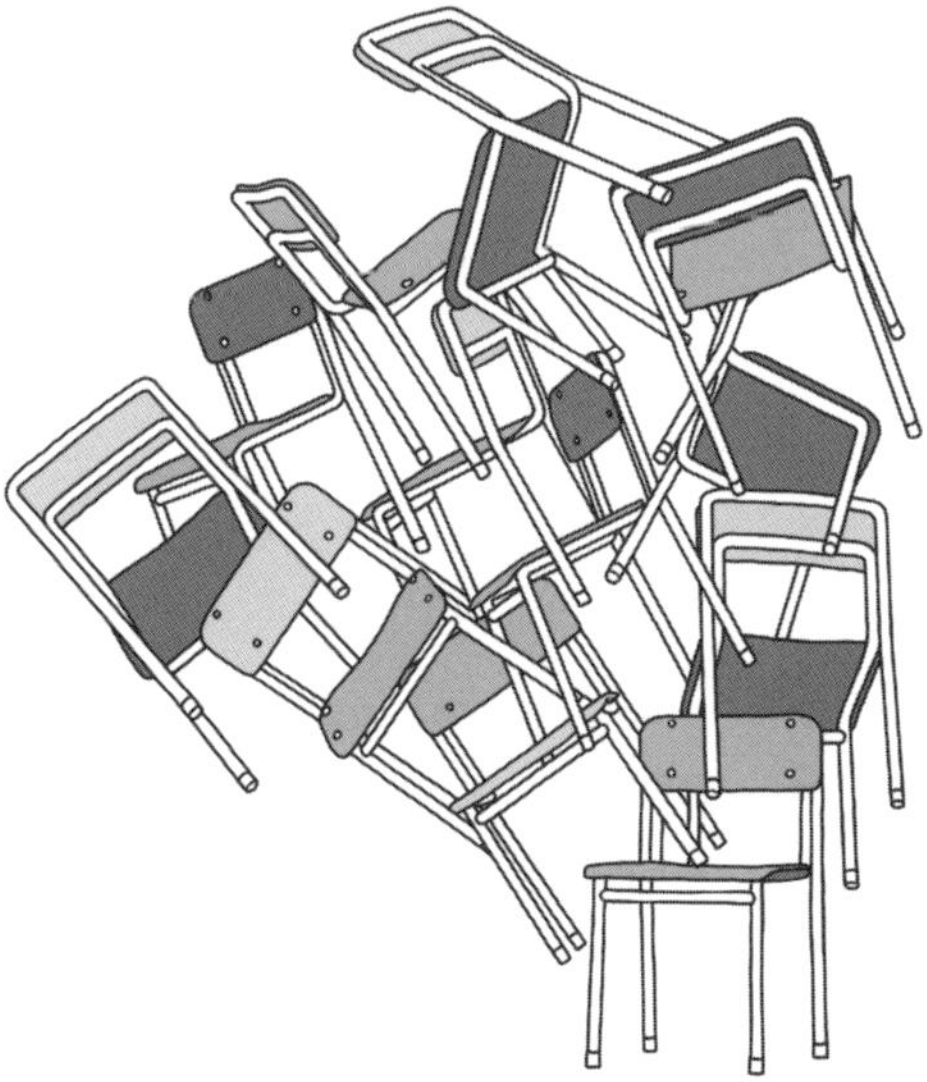

エストロゲンとうつ病

本書は小学校高学年の子どもたちについての話です。
高学年の始まりは小学四年生、十歳になる年齢です。十歳頃というと、脳の成長はほぼ成人に近い状態になります。また、体内のホルモン環境が変化し始める時期で、女の子では第二次性徴が始まります。男の子は女の子より少し遅れて、小学五、六年生で第二次性徴を迎えます。

女の子の第二次性徴は卵胞が発育して、ステロイドホルモンの一種、エストロゲンの分泌が増加します。このエストロゲンとうつ病には関係があって、性成熟期の女性はうつ病になる人（罹患率《りかんりつ》）が男性より多いのです。但しエストロゲンが低下した閉経後の女性は、男性と同程度のうつ病の罹患率となります。

四年生の壁・十歳の壁

高学年は、このように身体的にも急激な変化がやってくる時期ですが、特に小学四年生は一般的に「四年生の壁」とか「十歳の壁」とか言われるように、広範な変化を伴う時期なのです。この時期、誰しも経験的に子どもたちに大きな変化を感じるため、この言葉は一般的に認められているのだと思います。

自閉スペクトラム症は〝こだわり病〟とも言えますが、高学年からはこの〝こだわり〟が変化してきます。小学校低学年までは比較的わかりやすかった〝こだわり〟に、考え方の〝こだわり〟といった外からはわかりにくい〝こだわり〟が加わってきます。このような〝こだわり〟は、中学生や高校生になって初めて語られることがあり、それを聞いた親御さんが驚かされることもしばしばです。

「発達検査」の誤解

第一章では「発達検査」について、いまだによくある誤解のことを中心に書いています。

本シリーズでは、「症例」に入る前に発達障害の理解の基礎となるところを説明していますが、第一巻・第二巻ではまだ「発達検査」については書いていませんでした。その理由はいわゆる「発達検査」が、発達障害を確定する検査ではないからです。

現在のところ、暗黙の了解で、いわゆる「発達検査」と言われるものは、ウェクスラー式知能検査である場合がほとんどです。そして、その知能検査の下位検査の評価点のばらつきを、「発達のデコボコ」と称して、発達障害と考える人がいまだに結構いるのです。また逆に、下位検査の評価点に有意《ゆうい》の差がない場合には、発達障害ではないとして障害が見落とされる場合があります。

ではなぜ、いわゆる「発達検査」をするのかという疑問が生じると思います。それでこの章では、いわゆる「発達検査」の有用性について述べています。それで、第三章の症例集では、出来るだけウェクスラー式知能検査の検査結果を記載しました。

起立性調節障害の診断の危うさ

第二章は起立性調節障害の話です。

小学校高学年は、先に述べたように身体に急激な変化が起きる時期です。それで身体の症状にも低学年では見られなかった新たな症状がみられるようになります。その代表格が起立性調節障害です。

中学生になって最初は元気に登校していたのに、だんだん学校に通えなくなる子がいます。最初は元気に通っていたので、原因は中学になってから何かがあったのではないかと一所懸命に原因らしきものを探すことになります。

それで少し遡って小学校時代の話を聞くと、起立性調節障害と言われたことがあるとか、今も起立性調節障害の薬を飲んでいるという子が結構います。そして、さらに話を詳しく聞くと、自閉スペクトラム症が見逃されていたということがよくあります。

小学校高学年で朝起きられない子がいた時には、自閉スペクトラム症の可能性も考えておくことが重要です。

学習内容の抽象度

第三章は症例集です。

小学校高学年で受診した子の中には、他院の受診歴がある子もいれば、初めて病院を受診する子もいます。受診のきっかけは様々ですが、一つの要因として、小学四年生になると学習内容の抽象度が増してきます。それで抽象的な考えが苦手なタイプの発達障害の子の中には、学習についていけないために落ち着きがなくなり、それが問題行動に繋がったりすることがあります。

また、高学年になると対人関係が複雑になってくるので、対人関係を作るのが苦手な自閉スペクトラム症の子はストレスを溜《た》めやすくなってきます。

思春期と精神症状

小学六年生では、中学進学を考えての受診も一つの特徴です。中学生になると本格的な思春期を迎えます。対人関係もさらに複雑になるなど、学校でのストレスも増えてきます。そして、自閉スペクトラム症の表現型としては、精神症状が目立ってくるようになってきます。

特に中学生以降の発達障害を理解するためには、精神症状の知識が必要となってきます。このことについては第四巻と第五巻で扱うことになります。

＊「発達障害」という固有名詞は、現在は通称である。医学用語としては、「神経発達症」という。DSM－5からの新しい名称である。ただ「発達障害者支援法」にも見られるように、「発達障害」という言葉は深く浸透しているため、この本の叙述には通称の「発達障害」の語を用いた。

第一章

発達検査って何？

支援や診断への大きなヒントを見る

発達検査、しています

勤務している病院の予約センターから、「『発達検査をしていますか』という問い合わせですが」という電話がしばしば掛かってきます。少し違和感を覚えながらも、「検査をしている」と答えてもらっています。

ここで「発達検査」というのは、発達障害の診断のための検査と思われます。そして発達障害というのは、ＡＤＨＤや自閉スペクトラム症を想定しての問い合わせと考えられますが、ＡＤＨＤにしても自閉スペクトラム症にしても、それらを診断するための検査は存在しません。それでも「検査をしている」と答えてもらっているのには、いくつかの理由があります。

数値以外の情報

発達検査には、京都で開発され標準化された「新版Ｋ式発達検査」という検査があるのですが、予約センターでの電話での問い合わせにみられるような、いわゆる「発達検査」はウェクスラー（Wechsler）の知能検査を指すのが一般的になっているように思います。具体的には「ウィスクＷＩＳＣ（Wechsler Intelligence Scale for Children）」、「ウェイスＷＡＩＳ（Wechsler Adult Intelligence Scale）」という知能検査がそれです。前者が概ね中学生までで、後者が高校生から使用されます。しかし、この知能検査の結果をもって、発達障害であるとかないとかは言えないのです。

他によく知られたところでＡＱ（Autism-Spectrum Quotient　自閉症スペクトラム指数）という自閉スペクトラム症のスクリーニング検査がありますが、あくまでもスクリーニング検査なので診断の検査ではありません。ＭＳＰＡ（Multi-dimensional Scale for PDD and ADHD　発達障害の要支援度評価尺度）は、発達障害にみられそうないくつかの特性を数値化したもので、診断のための検査でないのはもちろんのこと、支援においても自閉スペクトラム症の先駆者ハンス・アスペルガー（Hans Asperger）の理念に遠く位置するものと思われます。

ウェクスラーの知能検査が診断のための検査でないとすると、何のために行うのだろうと疑問が起こるかも知れません。知能検査のどの数値がどうだから発達障害であるとかないとかという意味での診断の検査ではないのですが、検査に対する取り組みや答え方など、数値以外のところでも診断を補助する情報がたくさん得られます。また、他の心理検査も併せて施行して（テスト・バッテリー）、総合的に評価するのがよいでしょう。

心理検査は導きの糸

発達障害を診断することの大きな目的は、その理解を支援に繋げることです。小学生の場合、日常的に支援に関わるのは親や学校の先生などです。診断の専門的な話はさておき、先生や親といった支援者も子どもの特性を知って子どもに接することが必要です。心理検査はその際の導きの糸となり得ます。したがって、発達障害の支援の場で広く行われているウェクスラー式知能検査について知っておいて損はないと思います。

そこでウェクスラー式知能検査についての話をしたいのですが、そこには厄介《やっかい》な制約が掛かります。知能検査は検査内容が一般に広まると検査の意味がなくなってしまいますので、そうならないように注意しなくてはなりません。入学試験の問題と答が流出すれば、入学試験にならないのと同じです。

したがって、検査に関わる者は検査内容が公にならないように注意しなければならないので、具体的な話には制約が掛かります。専門機関で検査を受けた人の中には、検査結果を聞いてみてもよく理解出来なかったり、説明に不満足であったりしたことがあるかも知れませんが、このようなことが原因の一つであると考えられます。

スタンフォード・ビネー式知能検査

現代の知能検査の最初のものは、フランスにおいてアルフレッド・ビネー（Alfred Binet／注1）とその弟子のテオドール・シモン（Theodore Simon）によって一九〇五年に作られました。もちろんそれまでにも知能検査はあったのですが、標準化されるなどのきちんとした手続きを踏んだものという意味では、これが最初のものと言っていいでしょう。この検査の目的は、パリの普通学級で学習することが困難になるだろう子どもたちをあらかじめ発見することにありました。

しかし、この検査が一九〇八年にヘンリー・ハーバート・ゴダード（Henry H.Goddard／注2）によってアメリカに紹介されると、テストの評価点が低いことで精神遅滞と診断するということを主な使用法として、広く用いられることになりました。一九一六年にはスタンフォード大学のルイス・マディソン・ターマン（Lewis M.Terman／注3）が、ビネーの知能検査をアメリカの文化を考慮して標準化した「スタンフォード・ビネー式知能検査」が作られました。そしてこの検査が、その後四十年余り一般的なＩＱ（知能指数）検査になりました。

デイヴィッド・ウェクスラー

アメリカが第一次世界大戦に参戦する一九一七年には、知能検査は子どもを見極めるものであったのが、急速に成人にまで拡大しました。軍隊への入隊者を選別するため、スタンフォード・ビネー式知能検査に似た「陸軍アルファ式集団知能検査（Army Alpha）」が開発されたのですが、これでは読み書き能力が限られている人に対しては正しく評価出来ません。それで、非言語性の知能尺度の必要性が生じ、「陸軍ベータ式集団知能検査（Army Beta）」が開発されました。この「Army Beta」には非言語性課題が多く、「絵の完成」、「絵画配列」、「迷路」など現在でも聞き覚えのある課題が含まれています。

ウェクスラー式知能検査の生みの親、デイヴィッド・ウェクスラー（David Wechsler／注4）は、臨床にも長《た》けており、統計学のトレーニングもしっかりと受けています。また、第一次世界大戦では、被徴兵者の選抜のための検査者でもありました。ウェクスラーの取った方針は、「Army Alphaシステム（言語性尺度）」と「Army Betaシステム（動作性尺度）」を同等に扱うことでした。しかし、ウェクスラーは知能を言語性と動作性の二因子構造とみている訳ではありませんし、認知能力尺度による結果は、知能を構成する全体の一部を反映しているに過ぎないと考えています（表1－1）。

表1-1　ＷＩＳＣ-Ⅲの下位検査項目

下位検査		概略	測定される主な固有の能力
言語性検査	知識	日常的な事柄や場所、歴史上の人物など、一般的な知識に関する質問をしてそれに言葉で答える。	・一般的事実についての知識量
	類似	共通の概念を持つ二つの言葉（刺激語）を口頭で示し、どのように類似しているか答える。	・論理的なカテゴリー的思考力
	算数	算数の問題を口頭で指示し、子どもは紙や鉛筆を使わず、暗算で答える。	・計算力
	単語	単語（刺激語）を口頭で指示し、その意味を答える。	・単語に関する知識
	理解	日常的な問題の解決と社会的なルールなどについての理解に関する一連の質問をして、口頭で答える。	・実際的知識を表現する力 ・過去の経験や既知の事実を正確に評価する力
	数唱	数字（数系列）を読んで聞かせ、同じ順番（順唱）であるいは逆の順番（逆唱）でその数字を答える。	・聴覚的短期記憶
動作性検査	絵画	絵カードを見せ、その絵の中で欠けている重要な部分を完成させ、指差しか言葉で答える。	・視覚刺激に素早く反応する力 ・視覚的長期記憶
	符号	幾何図形（符号A）または数字（符号B）と対になっている簡単な記号を書き写す。	・指示に従う力・動作の機敏さ ・事務処理の速度と正確さ ・視覚的短期記憶
	絵画配列	短い物語を描いた何枚かの絵カードを決められた順序に並べて見せ、物語の意味が通るように並べ替える。	・結果を予測する力 ・時間的な順序の認識ないし時間概念
	積木模様	モデルとなる模様（実物またはカード）を提示、同じ模様を決められた数の積木を用いて作る。	・全体を部分に分解する力 ・非言語的な概念（解法の法則性など）を形成する力 ・自分が考案した空間構想に対象を位置付ける力
	組み合わせ	ピースを特定の配列で提示し、それを組み合わせて、具体物の形を完成する。	・感覚運動のフィードバックを利用する能力 ・部分間の関係を予測する力 ・思考の柔軟性
	記号探し	左側の刺激記号が右側の記号グループの中にあるかどうか判断し、回答欄に○を付ける。	・視覚的探索の速さ
	迷路	迷路問題を解く。	・視覚的パターンをたどる力 ・見通し能力

因みに、ウェクスラーは知能を「目的をもって行動し、合理的に思考し、自らの環境に効果的に対処するための（to act purposefully, to think rationally, and to deal effectively with [one's] environment）個人の総合的な能力（the global capacity）」と定義しています。

「聴覚優位」「視覚優位」

ウェクスラーの知能検査をすれば発達障害がわかるというような、我が国でよくみられる「誇大妄想」に対して、ウェクスラー自身の知能検査に対する態度は極めて抑制的にみえます。

発達障害を少し聞きかじると「聴覚優位」とか「視覚優位」という言葉に遭遇すると思います。この出所はよくわからないのですが、聴覚と視覚は違う感覚なのですから、どちらが優位か比べようがありません。ウェクスラー式知能検査で、言語性尺度の評価点が動作性尺度の評価点より高ければ聴覚優位、逆ならば視覚優位という人もいますが、ここまでの検査の成り立ちからみてもあまり意味がなさそうです。ウェクスラーは知能が言語性と動作性に二分されると考えている訳ではなくて、それぞれが知能の表われの一つとして考えているので、どちらが優位かというようなことではありません。

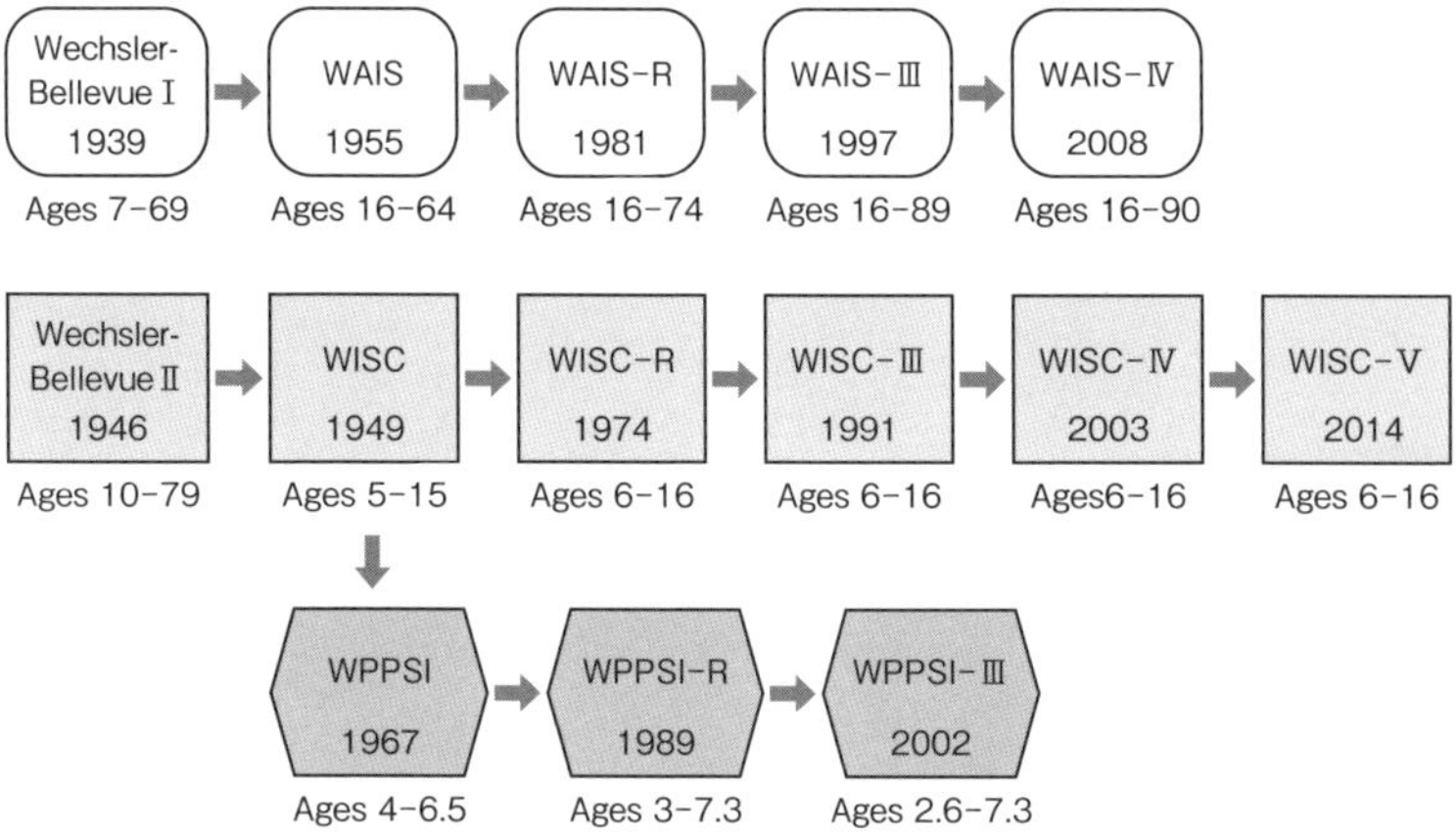

図1-1　ウェクスラー式知能検査の変遷（1939〜2014）

Elizabeth O. Lichtenberger and Alan S. Kaufman, *Essentials of WAIS-IV Assessment*, John Wiley & Sons, Inc., 2009

ウェクスラーの知能検査

ウェクスラーの知能検査の最初のものは、一九三九年に刊行されたウェクスラー・ベルビュー知能検査Ⅰ（Wechsler-Bellevue Intelligence Scale, Form Ⅰ）です。因みに、自閉スペクトラム症の元祖の一人であるレオ・カナー（Leo Kanner）の講演が一九四三年で、その頃の「知能」に対する風潮は第一巻（五十三頁）で言及した通りです。一九四六年にはＷＩＳＣのもとになるウェクスラー・ベルビューⅡが刊行され、以後は図１－１に示すように発展しています。

知能検査の検査結果は、同じ検査でも変化したり、違う検査の全ＩＱを比べても変化したりすることがあります。

小学一年生の時に受診したＴ・Ｎさんの例（第二巻 百二十三頁）をもう一度見ておきましょう。

Ｔさんは生活の節目節目で検査を希望して受診されました。知能検査は次のような結果でした。ただし、検査結果の数値は90パーセント信頼区間で変更しています。

小学一年生　ＷＩＳＣ－Ⅲ　言語性ＩＱ70　動作性ＩＱ１２０　全検査ＩＱ95
小学三年生　ＷＩＳＣ－Ⅲ　言語性ＩＱ１００　動作性ＩＱ１３０　全検査ＩＱ１１５
小学五年生　ＷＩＳＣ－Ⅲ　言語性ＩＱ90　動作性ＩＱ１０５　全検査ＩＱ95
中学三年生　ＷＩＳＣ－Ⅳ　全検査ＩＱ80（言語理解80　知覚推理１００　ワーキングメモリー80　処理速度65）
高校生（十八歳）ＷＡＩＳ－Ⅲ　言語性ＩＱ75　動作性ＩＱ90
全検査ＩＱ80（言語理解90　知覚統合１００　作動記憶70　処理速度50）

Ｔさんに気分の波はあまり見られませんでしたが、検査時の精神状態によっても大きく検査結果が左右されることがありますから、様々な要因を考慮して結果を評価しなくてはなりません。検査結果の数値だけが独り歩きしないように注意が必要です。

Ｔさんの検査結果を見ると、ＷＩＳＣ－Ⅲでは言語性ＩＱ、動作性ＩＱ、全検査ＩＱの三つのＩＱが示されていますが、ＷＩＳＣ－Ⅳでは全検査ＩＱ（ＦＳＩＱ）という一つのＩＱしか示されていないのに気付くと思います。これはＷＩＳＣ－Ⅳでは、これまでの言語性—動作性という二分法を止めて、知能を言語理解、知覚統合、ワーキングメモリー、処理速度という四つの群に分けるという大きな変化があったからです。また、同様の変化はＷＡＩＳ－ⅢからＷＡＩＳ－Ⅳへの改訂の際にもみられています。

ウェクスラー式知能検査の解釈で、「言語性ＩＱと動作性ＩＱの差（VIQ-PIQ discrepancy）」が濫用されてきたのですが、「VIQ-PIQ discrepancy」のはっきりとした臨床的な有用性が示されなかったことも、この重要な変更の一因と考えられます。これは知能検査の解釈の問題なのですが、先ほど言及したように我が国では、「言語性ＩＱが動作性ＩＱより優位なら聴覚優位」、「言語性ＩＱが動作性ＩＱより劣位なら視覚優位」という不思議な解釈が生まれています。

WISC−Ⅳ

ＷＩＳＣ−Ⅳでは知能を言語理解、知覚統合、ワーキングメモリー、処理速度の四つの群に分けていますが、それぞれの検査は以下の様になっています。括弧部分は補助検査で、それ以外は基礎検査です。

言語理解

類似

共通のもの、あるいは共通の概念を持つ二つの言葉を口頭で提示し、それらのものや概念がどのように類似しているかを答えさせる。

単語

絵の課題では問題冊子の絵を提示しその名称を答えさせる。語の課題では単語を読み上げてその意味を答えさせる。

理解

日常的な問題の解決や社会的ルールなどについての理解に関する一連の質問をして、それに口頭で答えさせる。

（知識）

一般的な知識の質問をして、それに答えさせる。

（語の推理）

いくつかのヒントを与えて、それらに共通する概念を答えさせる。

知覚統合

積木模様

モデルとなる模様を提示し、決められた数の積木を用いて制限時間内に同じ模様を作らせる。

絵の概念

二、三段からなる複数の絵を提示し、それぞれの段から共通の特徴のある絵を一つずつ選ばせる。

行列推理

一部分が空欄になっている図版を見せて、その下の五つの選択肢から空欄に当てはまるものを選ばせる。

（絵の完成）
絵を見せ、その絵の中で欠けている重要な部分を指差しか、言葉で答えさせる。

ワーキングメモリー

数唱
決められた数字（数系列）を読んで聞かせ、それと同じ順番で（順唱）、あるいは逆の順番で（逆唱）その数字を言わせる。

語音整列
一連の数とカナを選んで聞かせ、数は昇順《しょうじゅん》、小さいものから大きいものに、カナは五十音順に並べ替えて言わせる。

（算数）
算数の問題を口頭で提示し、暗算で答えさせる。制限時間は各問題三十秒。

処理速度

符号

幾何図形、または数字と対となっている簡単な記号を書き写させる。

記号探し

左側の刺激記号が右側の記号グループの中にあるかどうかを判断させ、「ある」または「ない」に○を付けさせる。

（絵の抹消）

不規則に配置した、あるいは規則的に配置した様々な絵の中から動物の絵を探して線を引かせる。

補助検査は、知能検査としては、その群の基本検査が出来ていれば行う必要がないのですが、発達障害を持つ人の特性を知る手掛かりにする場合は、補助検査も可能な限り施行したいところです。

特に「絵の完成」は検査しておきたい項目です。「絵の完成」は視覚認知と視覚的体制化、集中力及び対象物の重要な細部に対する視覚認識力を評価することを目的とした検査です。自閉スペクトラム症を持つ人では、例えば「対象物の重要な細部」の認識が定型発達の人の認識とずれる場合があり、そのずれが検査に現われることがあります。

評価点を決める様々な要因

全検査ＩＱと四つの群の評価点のプロフィールから検査結果を解釈することは、解釈の基本としては大切なことですが、発達障害では障害特性がどのように検査結果に影響しているかを考察することが、子どもの理解に大いに役立ちます。

例えば、「符号」は処理速度の基本検査で、見本を手掛かりとして、数字と対になっている記号を、制限時間に書き写す検査です。この検査は処理速度に加え、視覚的短期記憶、学習能力、精神運動速度、視覚認知、視覚と運動の協応、視覚的探索能力、認知的柔軟性、注意力、集中力及び動機付けを評価します。

「符号」の評価点が低い場合、その子の特性として、視覚認知が問題の場合もあれば、視覚認知には問題なくて、ただ筆圧が高くて時間が掛かる場合もあります。不安で何回も確認しないと先に進めないこともあります。いわゆるマイペースで時間が掛かっていることなど、評価点が低値になる要因は様々です。それらを細かく検討することによって、支援の手掛かりが見えてきます。

また、検査の評価点が高いからといって安心出来ないこともあります。例えば、「単語」は、まさに単語の意味を答える検査です。一つの単語を長々と説明し、要点が入っているため点数になり、結果的には高得点になったりするのですが、実際のコミュニケーションでは話が迂遠《うえん》になり、相手に話の意図が伝わりにくくなることがあります。

また、言葉の辞書的意味は知っていても、コミュニケーションは上手くいかない人もいます。コミュニケーションは、その都度の相手の考えや気持ちを文脈の中で捉えることですから、言葉を知っていることと別次元の問題を含むからです。

知能検査の大きな役割

以上のように、知能検査は、障害の特性をわかりやすい形で示してくれたり、支援の大きなヒントを与えてくれたりしてくれます。また、全検査ＩＱが高い割には、学習面や日常生活能力に反映していないことが少なくなく、このギャップの大きさが発達障害の「重症度」ということも言えます。

知能検査は、発達障害の診断のツールではないのですが、発達障害の診療には大きな価値があるのです。

注1　アルフレッド・ビネー（一八五七〜一九一一）　フランスのニースに生まれる。知能検査の創案者。父母ともに医者の家系で、父は医者であった。子どもの頃、解剖用の死体を触ったことでそれがトラウマとなり、医者の道を断念、心理学者になったという。一八九九年、「知能検査」の開発に当たって、共同研究者となる医師であり心理学者であったテオドール・シモン（一八七二〜一九六一）と出会い、シモンはビネーの弟子となる。一九〇五年、二人は「ビネー・シモン知能尺度」を完成させた。

注2　ヘンリー・ハーバート・ゴダード（一八六六〜一九五七）　アメリカの心理学者。ビネーの「知能測定尺度」を英訳し、ヴァインランド訓練学校（アメリカ、ニュージャージー州にある知的障害・発達障害のある人々の自立のための教育施設）の生徒二千人を対象にその標準化を図った。

注3　ルイス・マディソン・ターマン（一八七七〜一九五六）　アメリカの心理学者。一九一一年に改良された「ビネー式知能検査」を現在の「ＩＱ」の概念に仕立てたのはドイツの心理学者、ウィリアム・シュテルンである。このシュテルン考案の「知能検査」を、一九一六年標準化したのが、ターマンである。またターマンは、第一次大戦時の兵士の適性を判定する「集団知能検査」の開発に携わり、「陸軍テスト（army test）」の開発者の一人となった。

注4　デイヴィッド・ウェクスラー（一八九六〜一九八一）　ルーマニア生まれのユダヤ系アメリカ人の心理学者。「診断的知能検査」の開発者。その主なものは、児童向けウェクスラー式知能検査（ウィスク ＷＩＳＣ）、ウェクスラー式成人知能検査（ウェイス ＷＡＩＳ）、就学前ウェクスラー式知能検査（ウィプシ ＷＰＰＳＩ）。第一次大戦中は、陸軍の兵士選抜のための心理検査の開発に携わった。主著は『教育心理学』。

コラム

私、同時処理が苦手なんです

あなたは、犬派？　猫派？

別に調べた訳ではないのですが、ペットとして飼われている動物は、圧倒的に犬と猫が多いのではないでしょうか。それで「あなたは犬派？　猫派？」と選択を迫られることは、人生において一度や二度ではないと思います。両方とも可愛いと思っていても、犬と猫のどちらが優れているかと言う、ディベートに巻き込まれることもあります。

このような二分法なら、たわいもないことですが、敵か味方かとなると少し物騒《ぶっそう》です。ウェクスラーの知能検査の、「聴覚優位」か「視覚優位」かという二分法と同じく困ったものです。

同時処理と継次処理

自分が発達障害ではないかと疑って受診される方に、「どういうところが発達障害だと思うのですか?」と尋ねると、「私、同時処理が苦手なんです」という答が返ってくることがあります。同時処理と言うのは、ロシアの神経心理学者、アレクサンドル・ロマノヴィッチ・ルリア(A.R. Luria/注1)の脳機能モデルで、外的(部分的には内的)環境から感覚受容器で受け取った情報を処理する二分法的基本形態(継次—同時処理二分法 successive-simultaneous processing dichotomy)の一つです。同時処理に対して、もう一方は継次処理と言うのですが、患者さんから「私、継次処理が苦手なんです」という言葉を聞いた記憶はありません。もちろん継次処理が苦手な発達障害の患者さんも珍しくはないのですが。

KABC-Ⅱ

ところで、勉強が出来ないことを主訴に受診した患者さんには、よくKABC-Ⅱ(注2)の検査をします。KABC-Ⅱは、神経心理学理論(ルリア理論など)を基盤としたK-ABC(カウフマン式子ども用心理検査)に心理測定学的理論(CHC理論/注3)を加味したものです。KABC-Ⅱには継次と同時の認知尺度が含まれるなど、学習の能力を見る上では大変参考になりますし、同時処理の苦手さを気にする人には打って付けの検査です。

ＫＡＢＣ－Ⅱの下位検査で継次処理と同時処理の能力を検査するものを以下に挙げてみますので、まずは検査をイメージしてみて下さい。検査の細かい内容を明かせないのは、ウェクスラーの知能検査の時と同じ理由です。

一、継次処理の検査

・「語の配列」：検査者が言った名称をその順番通りに、子どもが一連のシルエットの中から選んで指差す課題。

・「数唱」：二個から九個までの一連の数字を検査者が言った通りの順序で子どもが復唱する課題。

・「手の動作」：検査者がテーブル上に示すげんこつ、手のひら、手刀の三つの形からなる一連の動作を子どもが正確にまねる課題。

二、同時処理の検査

・「近道探し」：将棋盤のような図形の上で、おもちゃの犬を動かして、障害物（藪や岩）を避けて餌の骨まで「最も速く」移動させる経路を見付ける課題。
・「模様の構成」：三角形（片面が青、片面が黄）の積木を幾つか組み合わせて、提示された抽象的な図形の絵と同じ形を作る課題。
・「仲間探し」：四枚から五枚の絵のセットを見て、その中から仲間外れの絵を見つける課題。
・「顔探し」：五秒だけ提示される一人または二人の顔写真を注意して見て、次に提示される異なるポーズの写真や集合写真のなかから、直前に見せられた顔の人を正しく選んで指差す課題。
・「絵の統合」：部分的に欠けたインクの染みで描かれた絵を見て、描かれたものまたは事柄の名前を答えたり、その状態を説明したりする課題。
・「積木探し」：一つか、それ以上の数の積木が一部見えなかったり、完全に隠れていたりして積み重なった様々な絵を見て、積木の数を正確に数える課題。

このニつのグループの検査内容を見て、頭の働き（情報処理）の違いが何となくイメージ出来たでしょうか。

簡単にまとめると、継次処理は、情報を連続的な系列として統合して、順番に取り出す情報処理です。一方、同時処理は、いくつかの要素を全体にまとめたり、全体からいくつかの要素を自由に取り出したりする情報処理です。

「あなたは継次処理のタイプ？　同時処理のタイプ？」などという的外れな質問はゆめゆめなさらぬように。

注1　ルリア　アレクサンドル・ロマノヴィッチ・ルリア（一九〇二～一九七七）　旧ソビエト連邦の心理学者で神経心理学の草分けである。ルリアは脳の基本構造として、三つの機能システムを考えた。つまり、覚醒と注意に関するブロック1、情報を分析し符号化し記憶することに関するブロック2、行動を計画し組織化する実行機能に関するブロック3がそれである。そしてそれぞれのブロックが対応している脳部位は、ブロック1が網様体《もうようたい》賦活系《ふかつけい》、ブロック2が後頭葉、頭頂葉、側頭葉、ブロック3は前頭前野《ぜんとうぜんや》と考えられている。この神経心理学理論がK－ABCの理論的根拠の一つになっている。

注2　ＫＡＢＣ－Ⅱ　一九八三年にアラン・Ｓ・カウフマン（Alan S.Kaufman）とその妻ナディーン・Ｌ・カウフマン（Nadeen L.Kaufman）により作成された心理・教育アセスメントバッテリー、Ｋ－ＡＢＣ（Kaufman Assessment Battery for Children）の改定版である。ＫＡＢＣ－Ⅱは二〇〇四年に刊行され、日本版ＫＡＢＣ－Ⅱは二〇一三年に刊行された。適応年齢は二歳六か月から十八歳十一か月。ＫＡＢＣ－Ⅱでは、Ｋ－ＡＢＣで用いたルリア理論に基づいた尺度の解釈を引き継いで、それにＣＨＣ理論に基づいた尺度を追加している。ＫＡＢＣ－Ⅱは学習障害のアセスメントの一つとして大変役に立つ。

注3　ＣＨＣ理論　キャッテル－ホーン－キャロル理論（Cattell-Horn-Carroll Theory）。レイモンド・キャッテル（Raymond Cattell）、ジョン・ホーン（John Horn）、ジョン・キャロル（John Carroll）の三人の研究者の共通する理論を統合して、ＣＨＣ理論と呼んでいる。ＫＡＢＣ－Ⅱでは、ＣＨＣ理論の広範的能力（キャロルの第二層）のうち、「長期記憶と検索」「短期記憶」「視覚処理」「流動性推理」「結晶性能力」が測定される。

第二章

起立性調節障害の落とし穴

隠れている自閉スペクトラム症

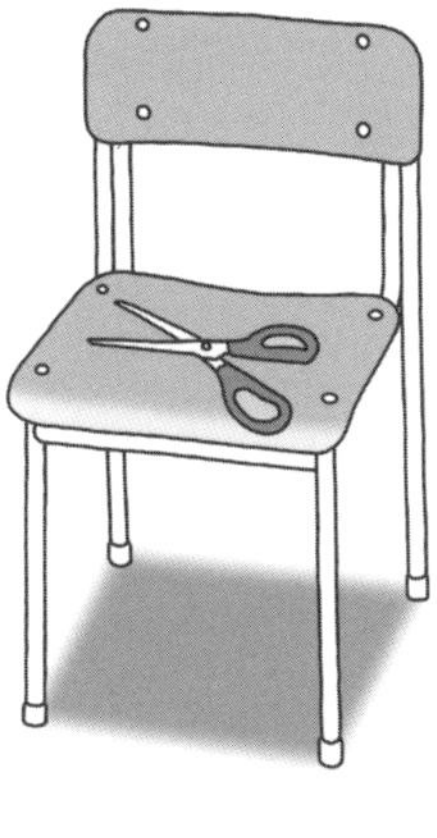

治療の焦点

まずは三十五歳の時に受診されたAさん（男性）のお話です。

Aさんは十六歳で高校を中退し、一年ほど遊んでからラーメン屋のアルバイトを始めました。その後もアルバイトを転々としながら、二十四歳の時には警備員の仕事をしていました。

この時ギャンブルで二百万ぐらいの借金が出来てしまい、返済に窮してしまいました。その返済に追われる毎日が一つのきっかけで、うつ状態となりB病院（総合病院の精神科）を受診しました。

B病院での診断は「うつ病」です。通院は定期的に続けていましたが、就労は出来ずに生活保護を受給しての生活をしています。就労までは難しかったようですが、時々ボランティアで子どものキャンプなどの手伝いをすることは出来るようにはなっていました。

ボランティア活動を一緒にしている人の中に発達障害に詳しい人がいて、主治医に発達障害の相談をしてみてはどうかと勧められました。そこでさっそく主治医に発達障害の検査を相談してみると、「君には必要ない」と言って取り合ってもらえませんでした。それで病院を変えてみようと思って当院を受診されたのです。

Aさんは自閉スペクトラム症で、B病院ではそれに気付かなかったようですが、B病院の治療が的外れな訳ではありません。特にB病院に通い始めた頃は、「うつ病」の治療が中心になるのは当然のことです。しかし、長期の治療の中では、うつ状態のベースに自閉スペクトラム症があることをはっきり認識しておく必要があります。

Aさんは転院を機に、治療の焦点（clinical attention）を「うつ病」から自閉スペクトラム症に移しました。もちろん、慢性のうつには変わりありませんから抗うつ薬の治療は必要です。

発達障害では併存症や合併症が多く病態が複雑なため、常に治療の焦点を意識しておくことが大切です。

Aさんは就労までには至っていませんでしたが、ときどきボランティア活動が出来る程度の安定はしていましたから、B病院の先生のように発達障害には触れずにおくというのも一つの考えです。しかし子どもの場合は、発達の問題は重要ですから、成人と同じ訳にはいきません。

起立性調節障害

小学校の高学年は思春期の始まりの時期です。思春期の身体の変化に伴って身体症状も目立って来ることがあります。朝起きられなくて学校に行けない子どもたちに対して、しばしば診断される疾患に起立性調節障害（orthostatic dysregulation : OD）があります。

起立性調節障害は循環系自律神経の機能の失調です。自閉スペクトラム症でも自律神経機能失調はよくみられるので（第一巻 四十四頁参照）、自閉スペクトラム症を持つ子の中にも起立性調節障害がしばしばみられます。ここで問題となってくるのは、治療の焦点が起立性調節障害のみになることです。これは自閉スペクトラム症に気付かない場合がほとんどですが、時によっては自閉スペクトラム症の症状を起立性調節障害の属性と誤解していることもあります。

また一般の人は「朝起きられない子」イコール起立性調節障害というイメージが強いように思えます。まずは医学的には起立性調節障害とはどういう疾患なのかを見ておきましょう（日本小児心身医学会編『小児心身医学会ガイドライン集』改訂第二版、南江堂、二〇一五年）。

起立性調節障害の身体症状の症状項目は以下の通りです。

1、立ちくらみ、あるいはめまいを起こしやすい。
2、立っていると気持ちが悪くなる。ひどくなると倒れる。
3、入浴時あるいは嫌なことを見聞きすると気持ちが悪くなる。
4、少し動くと動悸あるいは息切れがする。
5、朝なかなか起きられず午前中調子が悪い。
6、顔色が青白い。
7、食欲不振。
8、臍疝痛《さいせんつう》を時々訴える。
9、倦怠あるいは疲れやすい。
10、頭痛。
11、乗り物に酔いやすい。

これらの項目が三つ以上当てはまれば起立性調節障害が疑われます。

また起立性調節障害には、起立時血圧心拍反応が異なる次の四つのサブタイプがあります。

・起立直後性低血圧（instantaneous orthostatic hypotension : INOH）
・体位性頻脈《ひんみゃく》症候群（postural tachycardia syndrome : POTS）
・血管迷走《めいそう》神経性失神（vasovagal syncope : VVS）
・遷延《せんえん》性起立性低血圧（delayed orthostatic hypotension : delayed OH）

起立直後性低血圧では、起立直後に強い血圧低下及び血圧回復の遅延がみられます。体位性頻脈症候群では、起立中に血圧低下を伴わず、著しい心拍増加を認めます。血管迷走神経性失神では、起立中に突然に収縮期と拡張期の血圧低下ならびに起立失調症が出現し、意識低下や意識消失発作が生じます。遷延性起立性低血圧では、起立直後の血圧心拍は正常ですが、起立三分から十分を経過して収縮期血圧が低下します。

これらのサブタイプは、「従来の起立試験（シェロングテスト）」に「起立後血圧回復時間測定」を加えた新起立試験法で判定されます。以上からわかるように、起立性調節障害は、基本的には起立により急に血圧が下がったり、脈が速くなったりする病態です。

ここで参考までに、一般の起立性低血圧についても少し見ておきましょう。

健常な成人では起立により３００ミリリットルから８００ミリリットルの血液が下肢や腹部臓器に貯留します。そのため一過性に心拍出量（心臓が送り出す血液の量）と血圧が低下します。これに反応した自律神経の働きで（交感神経遠心路が活性化され、副交感神経遠心路は抑制される）、心拍出量と血圧は回復します。しかし自律神経の働きに問題がなくても回復しない場合があります。例えば「起立性低血圧の分類」は以下のようになります。

1、循環器血液量減少または静脈系への血液貯留

（a）循環血液量減少

出血、貧血、脱水、過度の利尿、発熱、過度の発汗など。

（b）静脈系への血液貯留

長時間の起立、妊娠など。

2、薬物
3、自律神経不全

したがって、子どもの場合ですと、水分がしっかり摂《と》れていたかとか、長時間立たされていなかったかということに、十分に注意を払うことが取り分け大切であることがわかります。

身体表現性自律神経機能不全

起立性調節障害は循環系自律神経機能失調ですが、精神科領域でも自律神経機能失調が関わる疾患があります。

自律神経系には交感神経系と副交感神経系があり、二つの神経系の活動水準はたいていの場合相反しています。つまり一方が高いと他方が低いのです。例えば、興奮して喧嘩している時は、胃の方はお休みで消化が悪い状態です。また、自律神経系は腺、平滑筋、心筋の三つの組織を支配しているので、人体のほとんどすべての部分が自律神経系の標的です。自律神経系の働きを以下に示します。

・分泌腺（唾液腺、汗腺、涙腺およびさまざまな粘液産生腺）を支配。
・心臓や血管を支配し、血圧と血流を制御。
・肺の気管や気管支の平滑筋を支配。
・肝臓や消化管、膵臓の消化機能と代謝機能を調節。
・腎臓や膀胱の機能を調節。
・生殖器の性的反応に関与。
・全身の免疫系との相互反応。

ただ、すべての組織が交感神経と副交感神経の二つの支配を受けている訳ではなく、例えば、皮膚の血管と汗腺は交感神経のみに、涙腺は副交感神経のみに支配されています。

精神疾患としての自律神経機能不全は、ＩＣＤ－10で身体表現性自律神経機能不全（Somatoform autonomic dysfunction）と命名されています（表２－１）。

そして、この疾患の症状は大きく二つのタイプに分かれます。

一つは、他覚的な症状で、交感神経系の亢進に伴う動悸、発汗、紅潮、震戦《しんせん》などです。

表2-1　身体表現性自律神経機能不全の診断基準（ICD-10）

A	次の系統または器官のうち１つまたはそれ以上に、患者が身体疾患とみなす自律神経性の刺激による症状があること。 1　心臓及び心血管系 2　上部消化管（食道・胃） 3　下部消化管 4　呼吸器系 5　泌尿生殖器系
B	次の自律神経症状のうち、２項目以上があること。 1　動悸 2　発汗（熱汗もしくは冷汗） 3　口渇 4　紅潮 5　心窩部《しんかぶ》（みぞおち）の不快感、胃部のどきどきする感じ、胃をかき回される感じ
C	次の症状のうち、１項目以上があること。 1　胸痛、前胸部およびその周囲の不快感 2　呼吸困難、過呼吸 3　軽度労作時の過度の疲労 4　空気嚥下症、吃逆《きつぎゃく》（しゃっくり）、胸部・心窩部の灼熱感 5　腸蠕動《ぜんどう》亢進の自覚 6　頻尿、排尿困難 7　むくんでいる、膨らんでいる、重苦しいという感じ
D	対象者がこだわっている系統や器官の構造や機能に障害があるという証拠を欠くこと。
E	主な除外基準：恐怖症性障害またはパニック障害の存在下においてだけ見られるものではないこと。

もう一つは、自覚的な症状で、非特異的に変化します。例えば、場所を変えて生じる鈍痛や疼痛《とうつう》、灼熱感《しゃくねつ》、身体の重たさ、締めつけられる感じ、腫れあがっている感じなどです。身体の重たさは、急に身体全体に襲いかかる疲労感のようなもので、動くことも大変になるほどなのですが、なかなか周りに理解してもらえない症状の一つです。

このように身体表現性自律神経機能不全の他覚的症状は、交感神経系の機能亢進《きのうこうしん》によるものですが、一方、起立性調節障害の基本病態は循環系の交感神経の機能不全という、交感神経に関していえば、いわば逆の病態なのです。起立性調節障害では、自律神経中枢の機能異常などに関連した広範な症状が併存することがありますが、これは併存症として一線を画して扱う必要があると考えられます。

ここで、起立性調節障害の診断を受けたことのある自閉スペクトラム症の子どもの症例を見てみましょう。

症例1　自閉スペクトラム症

Zさん　小学五年生

小児科を受診後

Zさんは歩き始めも、話し始めも遅れはありません。保育園の時は、積木遊び、トミカ遊び、外遊びが好きで、自分のやりたいことだけをやっていました。お母さんは、遊び方が偏《かたよ》っているのが気になって、保育園の先生に相談することがありました。

小学校では、友だちはいるのですが、ほとんどが男の子の友だちです。勉強は全く問題がありません。小学四年生の十月に、学校でよくお腹が痛くなり、音楽の時間に気分が悪くなってもどすことがありました。それで近くの小児科を受診すると起立性調節障害と診断されましたが、「様子を見ましょう」とだけ言われたとのことでした。

小学五年生の五月の中旬から六月にかけて、連日のように気分が悪くもどすことが続きました。それで先生から勧められて、小学五年生の七月に当院を受診しました。

初診の時の見掛けの緊張はそれほど強くはなかったのですが、質問に対しては、はにかんだ様子で言葉での返答が苦手そうでした。小さい時からエレクトーンを習っていて、上手にもかかわらず個人でのコンサートは嫌がっていました。

お母さんは発達障害ではないかと思っていたらしく、診断されたことでスッキリされていました。小学五年生の五月頃からは、友だち関係が複雑だったようです。Zさんは仲間外れにしている加害者側で、友だちでリーダー格の子の言うことを聞いていたと言います。先生が友だち関係を上手く整理してくれてからは、気分が悪くなることなく元気に過ごしました。

発達障害を疑う

Zさんの場合は、小児科で起立性調節障害と診断されていましたが、お母さんが発達障害を疑っていたために、学校の先生の勧めもあって精神科受診となりました。学校が自閉スペクトラム症の特性を踏まえてZさんの対人関係に介入したことによって、対人関係の改善、ひいては症状の改善に至りました。

ZさんのWISC－Ⅲの検査結果は、言語性IQ110、動作性IQ125、全検査IQ120でした（90パーセント信頼区間で数値を変更）。Zさんのように知能が高く、対人関係で受動的な場合は、学習での問題も対人関係の問題も目立たないため、発達障害に気付かれないことがしばしばです。そのため身体症状にのみ治療の焦点が当てられ、かえって問題が長引くことがよく見受けられます。

症例2 自閉スペクトラム症 うつ状態 Lくん 中学一年生

小児科から精神科へ

Lくんの歩き始めも、話し始めも遅れは見られませんでしたが、八か月では激しい夜泣きがありました。保育園は一歳からで、三歳頃は感情のコントロールが難しくて、自分の手や友だちを噛んだりしていました。三歳から四歳の時に保育園への行き渋りが見られましたが、小学校はなんとか通えていました。

小学五年生からは、何をやっても楽しくないと言い、朝も起きづらくなりました。そのため近くの小児科を受診し、起立性調節障害と診断されました。

小学六年生の終わりには、「学校に行く意味がわからない」と言い出して、中学受験の後からは登校しなくなりました。

受験は無事に乗り超えて私立中学に進学しました。四月は登校出来ていましたが、ゴールデンウィーク明けからは週に一日は休むようになり、パニックで壁に頭を打ち付けることがありました。六月中旬からは週に三日から四日休むようになりましたが、何とか学期末試験は受けることが出来ました。しかし試験の後からは全く学校に通えなくなりました。

朝は元気がないのですが、お昼を過ぎるとだんだん元気になって来ます。家では時間つぶしにゲームをしていましたが、「何も楽しいことはない」と言っていました。

学校の教育相談でＷＩＳＣの検査が行われて、自閉スペクトラム症を疑われました。そこでお母さんが、通院していた小児科の先生にお願いして、中学一年生の七月に当院を受診することになりました。

子どもの「うつ」は活動的

Ｌくんには初診から抗うつ薬を服薬してもらい、中学一年生の二学期からは登校出来るようになりました。

中学一年生の最初は問題なく登校出来ていたのに、しばらくしてから不登校になるケースはよく見られます。こういった場合、休み始めた頃の原因だけに注目しがちですが、小学校の時からの症状の続きであることがあります。

Lくんは少なくとも小学五年生から「うつ状態」です。子どものうつは成人の場合よりも活動的なことが、よくある特徴の一つです。Lくんのように、新学期は頑張って登校するのですが、うつ状態が続いているために、そのうち登校出来なくなってしまいます。また、こういったうつ状態のベースには、自閉スペクトラム症が見られることも珍しくありません。

LくんのＷＩＳＣ－Ⅲの検査結果は言語性ＩＱ１１０、動作性ＩＱ１２０、全検査ＩＱ１１５でした（90パーセント信頼区間で数値を変更）。LくんもＺさんと同じく知能が高かったので、自閉スペクトラム症を持っていることに気付かれないタイプです。

起立性調節障害の診断

これら二つの症例は、起立性調節障害と診断は付いているけれど、発達の問題もあるかも知れないと受診された例です。

しかし病院から離れて学校現場で教育相談をしていると、別のパターンがよく見られ

表2-2　起立性調節障害の治療薬

商品名	メトリジン	インデラル	ジヒデルゴット	リズミック
一般名	ミドドリン塩酸塩	プロプラノロール塩酸塩	ジヒドロエルゴタミンメシル酸塩	アメニジウムメチル硫酸塩
働き	血管を収縮させ、血圧を上げる。	心拍を抑え、心臓を休ませる。	血管の緊張を保ち、血圧の低下を防ぐ。	交感神経の機能を促進させ、血圧を上げる。
副作用	頭痛、動悸。	だるさ、めまい、除脈性不整脈、手足の冷え。	吐き気、嘔吐、食欲不振、指先の冷え。	動悸、頭痛、ほてり、腹痛、頻尿。
その他	副作用が少なく、効果は緩やかに現われる。	気管支喘息には禁忌。片頭痛治療薬。	ミドドリン塩酸塩で効果がない場合に使用。	ミドドリン塩酸塩で効果がない場合に使用。

ます。

即ち、小学校の高学年で朝が起きづらくなり、病院に行ってみると起立性調節障害の診断を下されます。それでも頑張って中学入試に合格し、入学後は登校出来ていたのに、しばらくしてから学校に行きづらくなって、スクールカウンセラーなどへ相談。そこでよく聞いてみると起立性調節障害で通院していることがわかるという発達障害のケースです。

先に挙げた『小児心身医学会ガイドライン集』では、「外来診療における心身症」の「学童期・思春期の身体不定愁訴への基本的対応」のポイントとして、「学童期・思春期の身体不定愁訴では、まず起立性調節障害の検索を」とありますので、誰でも思い付きやすい疾患名だと思います。そして「起立性調節障害は身体の病気です」と説明されるので、親や本人は発達障害と説明されるより疾患の受け入れはスムーズです。ただ「治療には時間がかかりますから焦らないように」とも言われます。それで、問題の解決に繋がらずに、場合によっては起立性調節障害の薬（表2－2）だけ飲み続け、時間だけが過ぎてゆくことが珍しくありません。

学童期・思春期の身体不定愁訴では、起立性調節障害の他に、自閉スペクトラム症の可能性も考えて欲しいところです。

コラム

自動運転……と気象病

5G通信

5G通信（第5世代移動通信システム）の特徴は、超高速、超低遅延、多数同時接続だそうで、車の自動運転も単なる夢物語ではなくなるようです。でも、ハッキングでもされたら大惨事になるかも知れないし、そもそも自動運転ネットワークの回線費用を誰が負担するのかという問題もあるようです。

神経ネットワーク

人間の神経ネットワークも超高速、超低遅延、多数同時接続です。自律神経系は無意識に環境に反応する「自動運転」を提供しています。それは人類の長い歴史の間に巧みに作られたシステムなのですが、時に環境に適応出来ずに失調状態になることは第二章本文に示した通りです。

「気象病」

環境の中でも手強いものの一つが「気象」です。気象は気温、湿度や気圧などの大気の状態を言いますが、その状態によって身体の不調を生じるのが「気象病」です。天候によって頭痛や肩こりが生じたり、気分がすぐれなかったり、身体が全体にしんどくなったりするのです。

十トンの重さ

大気圧（気圧）は空気の重さの圧力で、その圧力の大きさを表わす単位が「気圧」です。テレビの天気予報で、ヘクトパスカルという言葉を聞いたことがあると思いますが、一〇一三ヘクトパスカルが一気圧です。一気圧では一平方センチメートルあたり一キログラムなので一メートル四方では十トンもの重さが掛かっています。それでも人間が潰れないのは、内側から同等の力で押し返しているからなのですが、気圧が変化すると体内にも何らかの変化が起こるようです。

日本は住みづらい

気温や湿度にも関係するのでしょうが、精神科の臨床では、低気圧と関連して頭痛を訴える患者さんが増えたり、しんどくて起きづらくなったりする患者さんをよく見ます。雨が降る前が辛かったり、雨が降ってからが辛かったりと人様々です。台風シーズンはけっこう辛そうで、梅雨時もよくありません。押しなべて気候の変化に弱いので、四季折々の変化のはっきりしている日本は、ひょっとすると住みづらいのかも知れません。

精神科で自律神経症状がみられる人がすべて、気象の影響を強く受ける訳ではありません。しかし気象の影響を大きく受ける人は、安定した社会参加が難しくなるという、人生設計の上で大きなハンディキャップを持つことになります。自分の意思では「操縦」出来ないのです。

「小さな脳」

もう一つ精神科医が手に負えないのは、腸の動きです。腸神経系は「小さな脳（little brain）」と言われて、かなり独立して機能出来るのです。腸神経系は、構造的には、筋層間神経叢（アウエルバッハ神経叢／注1）と粘膜下神経叢（マイスナー神経叢／注2）が腸管に埋め込まれる形で存在します。そして腸管壁の緊張と伸長、胃と腸の内容の化学的状態、血中のホルモンレベルをモニタリングして活動しています。不調になると、下痢、便秘や腹痛などで、社会生活が制限される状態になります。もちろん自律神経のコントロールも受けますが、「小さな脳」を抱えているので、なかなか「操縦」出来ない厄介な相手です。

解離性障害

さらに人間には、もっと大掛かりな自動運転があります。自分では全く記憶がないにもかかわらず、その時は周りから見ても自然な行動をしている状態です。これは自分の意思とは関係なく自動運転に切り替わる厄介な状態で、解離性障害という病態です。これは中学生頃から目立ってくることがあるので、第四巻でもう少し詳しく見ることになります。

注1　筋層間神経叢　アウエルバッハ神経叢とも言う。腸壁の縦走筋と輪状筋の間に存在する。筋層

間神経叢の名は、筋と筋の間に在ることから来ている。また「アウエルバッハ」の名称は、この神経叢を初めに文献に記した、ドイツの神経解剖学者レオポルト・アウエルバッハ（一八二八〜一八九七）の名に依る。この神経叢は、交感神経線維と副交感神経線維の両方を有する。

注2　粘膜下神経叢　マイスナー神経叢とも言う。マイスナー神経叢の名はドイツの解剖学者で生理学者のゲオルク・マイスナー（一八二九〜一九〇五）によって発見されたことに依る。この神経叢は腸壁の粘膜下層に存在。粘膜の機能（分泌、吸収）を制御する。副交感神経線維のみを有する。アウエルバッハ神経叢とともに消化管の機能を担っている。

第三章

症例集

小学校高学年が映す世界

本章「症例集」に入る前に、再度以下のことを確認しておきます。「自閉スペクトラム症」のＤＳＭ－５での診断は、左記の二点の基準を満たすことが必要です。

① 様々な状況での人と人とのコミュニケーションと相互作用が生来的（持続的）に障害されていること。

② 行動・興味・活動の限局した繰り返しの傾向。

この二点がＤＳＭ－５で見るところの「自閉」の正体ですが、これは色々と姿を変えて現われるので厄介です。

この中心像は、重篤さ、発達水準、年齢や環境によって様々な形で現われます。それ故、疾患への上手な介入は、自閉スペクトラム症であることを覆い隠すこともあります。
このように自閉スペクトラム症という疾患の現われ方は様々であるため
スペクトラム（一連のもの）という言葉を使っています。ＤＳＭ－５での
スペクトラムは正常と疾患の連続体ではないことを理解しておくことが大
切です。

この章では、小学校高学年では自閉スペクトラム症がどのような現われ
方をするのかを症例で示します。症例は本質を変えない程度に変更を加え
ています。

「症例」で、その子の「現在」をなるべく淡々と感情を交えずに描き、「コ
メント」では、その子への具体的な対応を書きました。
「現在」は遠い風景であり、「コメント」は日常へのアドヴァイスです。

小学校四年生

症例① O・O　九歳（小学校四年生）　女子　自閉スペクトラム症

寝付きはいいけれど

Oさんの話し始めは早い方で、お母さんによれば二歳を待たずに喋っていたとのことです。保育園ではお利口さんでした。友だちは二人いて、ごっこ遊びや絵を描いて遊んでいました。

小学校低学年の時は、勉強も良く出来て大きな問題はありませんでしたが、家では学校に行きたくないと泣き喚《わめ》くことが多かったようです。寝付きはいいけれど寝起きが悪く、塾やプールの時は頭が痛いということがしばしばありました。

お兄さんの病気

Oさんには高校一年生のお兄さんがいます。両親はともに大学の先生で、お兄さんも知能は高いのですが、全く勉強する気がありませんでした。お兄さんは友だちとのトラブルもあり、中学三年生の時に病院を受診して、自閉スペクトラム症の診断で通院中です。Oさんの周りを気にしないところや、周りのことに気付くのがゆっくりなところがお兄さんに似ているので、お母さんが気になって小学四年生の十月に当院を受診することになりました。

勉強は嫌い、読書は好き

初診の時のOさんは、少し緊張した面持《おもも》ちでしたが、か細い声ながらしっかりと質問に答えてくれました。学校については、「楽しくないです。どちらかと言えば行きたくない」、「友だちはいません」、「勉強は嫌いです」と、とにかくすべてに否定的です。先生の話では、読書が好きで、一人になっても平気なようです。本を読み始めるとのめり込むのですが、友だちとの付き合いを拒絶する訳ではありません。Oさんと同じようなタイプの二人の友だちと一緒になって、三人にしかわからないような何か独特な遊びをしています。

子どもらしくない

学習面では、聞くのが苦手で、先生が何回説明してもまた後から聞いてきます。見通しを立ててやるのが苦手で、物事になかなか取り掛かれません。集中が続かず、隣の子と喋ったり落書きをしたりしています。グループ学習では、ふざけて大声を出したりします。それでいて、教科書に書いてあることはよく覚えていて、成績は申し分ありません。

全体像では、真摯《しんし》な態度にもかかわらず、実はやるべきことを全然やっていない、子どもらしい部分がない子という印象のようです。

学校への不満

二回目の診察以降も口数は少ないながらも、長期の休みはウザいとか、体育は着替えるのが寒いから嫌とか、ウザい子がいるとか、学校での不満を述べていました。そして相変わらず「学校は面倒くさい」と言いながらも、何とか登校は続けていました。

抗不安薬開始

小学五年生になって、苦手な子もいるようですが「四年生よりはマシかな」という印象のようでした。しかしゴールデンウィーク明けから、学校から帰ってすぐに寝ることが週に二、三回見られるようになりました。また、お腹が痛くなることも目立ってきました。六月の受診時には、質問の返事はさらに短めで、浮かない顔をしていたので、抗不安薬を開始することになりました。

抗うつ薬に変更

二学期も同じように薬を飲んでいたのですが、十月には「やる気が出ない。動きたくない」、「みんなと違う行動はしたくないけど、みんなと一緒にいたくない」、「学校に行きたくない」と言うようになったので、薬は抗うつ薬に変更しました。

十一月の診察の時には、Oさん自身は「普通。大丈夫です」と言い、少し気分は良くなったようでしたが、お母さんによると、九時間ぐらい寝ても疲れがとれないよう、とのことでした。

三学期には、学校嫌いは相変わらずですが、十一月に見られていたような疲れやすさはなくなっていました。Oさん自身の希望かどうかはわかりませんが、三月には私立の中学を受験することを決めました。

高校一年生で再受診

小学六年生になると、先生の言い方がきついので学校は嫌いと言うものの、友だちには大きな不満はないようで、気分もだいたい安定していました。夏ぐらいには自己判断で薬も飲まなくなり、二学期の初めは登校しない日もありましたが、十一月には休まず登校出来るようになっていました。そして十一月の受診を最後に通院は途切れてしまいました。

次に受診したのは、高校一年生の十一月のことです。中学校は志望校に入学し、大きな問題もなく過ごしたようです。中学校は勉強が大変な進学校ではなかったのですが、高校は名うての進学校です。一学期の終わり頃から起きづらくなって、集中力もだんだんなくなってゆきました。そして小学校の時に服薬していたことを思い出して、受診しようと思ったようです。

何でこんな進学校を選んだのかと思うぐらい勉強が嫌いで、相変わらず学校も嫌いです。学校を休みながらも何とか三年で卒業して、大学にも進学しました。

遠い風景から日常へのコメント①

全検査IQ120

小学四年生の時のＷＩＳＣ－Ⅲでは言語性ＩＱ１１５、動作性ＩＱ１２５、全検査ＩＱ１２０でした（90パーセント信頼区間で数値を変更）。小学校、高校と学校が嫌いと言って、学校の提出物はほとんど出すことがありませんでした。小学校も高校も塾には行っていたのですが、塾で必死に勉強していたかというと、そうでもなかったようです。小学校では高い知能で勉強は軽くこなしていましたが、さすがに高校では欠点を取りながらのギリギリの卒業でした。

両親のこと

小学校、高校と一貫して学校の勉強への気力がなく、それに加えてうつ状態が出現して行動に抑制が掛かってしまいます。うつ状態には抗うつ薬が有効でしたが、一貫した勉強への無気力は薬ではどうにもなりません。

ご両親は、ともに穏やかそうにみえていました。しかし高校二年生の時に、Ｏさんは「家がしんどい」と初めて言いました。お母さんは、「私の言うことを聞いていれば間違いない」と言ってくるような人で、お父さんは気に入らないことがあれば切れて物に当たる人とのことでした。ご両親をものすごく嫌っているというほどでもなかったと思いますが、その時は早く家を出たいと言っていました。それから二、三回はそのことで話し合いましたが、その後は変わらず「学校が面倒くさい」という話になりました。

独り暮らし

大学生になっても相変わらず「学校は面倒くさい」と言っていましたが、順調に単位を取得しました。大学は自宅から通える距離でしたが、独り暮らしをしていて、そのせいか「学校は面倒くさい」と言いながらも、高校時代よりも表情が穏やかに感じました。

症例② N・V　九歳（小学校四年生）男子　自閉スペクトラム症　ADHD

三歳からの保育園

Nくんは乳幼児健診では問題を指摘されたことはなかったとのことですが、一歳から二歳まで通った保育園では、お遊戯会の時はずっと先生に抱っこされているような子でした。言葉は他の子と比べて遅れていたようです。三歳からは別の保育園に変わったのですが、その頃には言葉も他の子に追い付いて来たようで、言葉が伸びるに連れて保育園にも馴染めるようになって来ました。

奇声・暴力

小学一年生の時は、授業中に立ち歩いたり、奇声を発したりしていました。また、友だちの物を触っているうちに壊してしまったり、友だちに手が出てしまったりすることもありました。Nくん自身も「しんどいから座っていられない」、「わかっているけど手が出てしまう」と先生には話していたのですが、そのことを先生がお母さんに報告しても理解してもらえなかったと言います。Nくんは家では比較的おとなしいようで、お母さんにすれば、他のみんなもうるさいし、小学一年生とはそんなものだろうと思っていたようです。

友だちへの暴力

小学二年生になって、周りは少し落ち着いて来たのですが、Nくんは相変わらずです。二学期に友だちへの暴力で、相手の子の親も出てくるような事態になったので、それで初めてお母さんはNくんの問題を受け入れました。

そして三学期になって近くの小児科を受診すると、ADHDと診断されて公立の発達相談センターに相談するように言われました。二月からそのセンターに通うことになったのですが、センターではADHDに併《あわ》せて自閉スペクトラム症の診断も付きました。

知的学級

Nくんの通う小学校の特別支援学級には知的学級しかないこともあり、小学三年生も普通学級に通いました。それでも週に何時間かは、知的学級の場所を借りて取り出しで勉強をみてもらいました。知的学級に行くと少し落ち着けるようで、自分のクラスでイライラしてくると、自ら知的学級に避難するようになりました。落ち着ける場所は見付かったものの、クラスでは相変わらずだったので、服薬も考えたほうがいいのではないかと、センターからの紹介で当院を受診したのは小学四年生のゴールデンウィークの直前でした。

頭をよく打つ

小学四年生になっても、みんなにちょっかいを出したり、奇声を上げたりしています。相手の言葉の調子にもよりますが、ちょっとした言葉に引っ掛かり、被害感を持ちやすく、すぐに相手に詰め寄ります。

授業中は集中が続かず、課題ではないことをやっています。しかし一日一時間の取り出しの時は、落ち着いて課題に取り組んでいます。物作りは好きですが、算数の筆算と国語の文章題は嫌いです。

初診の時は診察室をうろついたりキョロキョロ見渡したりすることはありませんでした。診察には拒否的ではないのですが、質問にはまずは頷き程度で答えて、さらに具体的なことを尋ねられると、単語程度の短い答で返して来ます。

お母さんによれば、飛び出しなどの危険な行動はみられなかったものの、一、二歳の頃はお母さんが追い掛けると逃げていく子だったようです。小さい頃は頭をよく打っていて、炊飯器の熱い中蓋を触っても平気な顔をしていたのを思い出したと言います。

情緒学級

もともとセンターでお薬を試してはという話で受診されたので、初診の時からADHD治療薬を開始しました。薬の副作用はみられなかったのですが、飲み忘れが多くてなかなか十分な量まで増やすことが出来ません。

小学五年生からはやっと情緒学級が出来たので、特別支援学級に入級出来ました。薬の飲み忘れも相変わらず多いのですが、支援学級では特性を理解してもらっているので大きなトラブルはみられません。しかし放課後等デイサービスでは理解されずに職員ともめることが時々みられました。六年生も同じく支援学級に通い、五年生の時と変わらず、大きな問題なく小学校生活を終えました。

特別支援学級

中学校も特別支援学級に入級し、何とか順調な滑り出しのようです。交流学級にも文句を言いながらも参加出来ていて、中間テストも全部受けることが出来ました。部活も卓球部に入って楽しそうでした。しかし六月の後半から寝付きが悪くなり、朝が起きづらくなって来たので、抗不安薬を寝る前に飲んでもらうことになりました。それで寝付けるようになり、夏休みまでは楽しく過ごせました。

「交流はうるさい」

二学期が始まると、また朝が起きづらくなり二時間目ぐらいから登校する日がみられるようになりました。それでも好きな部活は参加していました。十月は時間通りに行けたのが三日ほどで、七日ほど休む日もみられました。「交流はうるさいから行きたくない」と言い、支援学級で過ごしているのですが、支援学級では声も大きく、ひっきりなしに喋っています。それでも三学期は少し落ち着いて通えるようになりました。

遠い風景から日常へのコメント②

まずはきちんとした服薬

小学校四年時のＷＩＳＣ－Ⅳの結果は、全検査ＩＱ85、言語理解１００、知覚推理85、ワーキングメモリー90、処理速度75でした（90パーセント信頼区間で数値を変更）。

Ｎくんは、服薬をはっきり嫌がる訳ではありませんが、なかなかきっちり服薬出来ませんでした。Ｎくんは中学の先生に、小学三年生の時から発達の問題のことを言われるのが嫌だったと打ち明けているので、そのことと関係しているのかも知れません。もちろんＮくんの特性から、単に服薬を忘れてしまっているだけかも知れません。お母さんもきっちり服薬管理が出来るようなタイプではないようです。気分安定薬も併せて服薬してもらう方がさらに安定すると考えられますが、まずＡＤＨＤ治療薬をきちんと飲めた段階で評価する必要があります。

服薬のチャンス

Ｎくんは小学四年生の時に薬物療法目的で紹介されましたが、本来なら小学一年生からADHD治療薬をきちんと服薬するのが理想でした。小学一年生の時は、お母さんの理解が得られなかったので仕方ないのですが、小学二年生の三学期には服薬してもらうチャンスがあったのですから、それを逃したのは残念に思います。

Nくんの通っていた小学校は小規模で、特別支援学級も少人数でした。そのような環境ですので、服薬なしでもなんとか対応出来ていたのが、逆に仇《あだ》になったのかも知れません。進学した中学校はマンモス校ではないのですが、それでも小学校に比べれば人数も多くNくんにとっては大きなストレスだったようです。

症例③　S・N　十歳（小学校四年生）女子　自閉スペクトラム症

ザワザワする音

Sさんが小学四年生の九月にお母さんと当院を受診したのは、学校でザワザワする音が気になるというので、市の教育相談で勧められてのことでした。

Sさんの話し始めに遅れはありませんでしたが、同年代の子に比べて言葉数は少なかったようです。三歳になってようやく他の子と同じようによく喋るようになりました。また、人見知りをしない子で、特に犬を連れている人には誰にでも進んで近付いて行くので、お母さんとしては心配でした。保育園では一人遊びが目立ちますが、友だちとも遊ぶことが出来ていました。

小学一年生の時は、大きな問題はなかったようですが、小学二年生から授業中の立ち歩きが目立って来ました。教室を抜け出して保健室に行くようになり、小学四年生になって頻繁に教室を抜けるようになりました。

ザワザワの正体

四年生の先生の話では、授業が始まって五分もすると教室を抜け出して、保健室に行くようです。保健室ではベッドや机の下に入り込みます。「ザワザワ」が嫌いと言いますが、教室が騒がしい訳ではありません。本やノートをめくる音、鉛筆で字を書く音、消しゴムで消す音など、学校生活で普通に発生する音が「ザワザワ」の正体です。他に嫌なことは、体操服に着替えることです。体育自体は好きなのですが、着替えが億劫《おっくう》なので体育は見学です。自分勝手な行動を友だちから指摘されると不機嫌になります。気持ちや行動の切り替えが苦手で、先生が言い過ぎると余計にやりません。しつこく言った時に逃げ出すことがあったので、先生はそれからしつこく言うのは止めたそうです。

学校では仲の良い子はそんなにいませんが、友だちは一人いるようです。本が好きでたくさんの言葉を知っていて、飲み込みも早く、勉強に遅れはありません。あと、人形とキラキラしたものが大好きです。

診断と支援

初診の時は、嫌がる様子はないのですが、学年を尋ねると指で四と示したり、頷《うなず》きで答えたりします。言葉で答える時も短い言葉で済ませます。Sさん自身は大きい音とか雑音とかが嫌いと言いますが、お母さんによると、家では雷の音にも平気で、音に敏感な様子は感じられないとのことです。

学校では、Sさんの自閉スペクトラム症の診断を受けて、Sさんの特性に合わせた支援が始まりました。保健室を利用する時のルールを決めるなどで、頻繁に教室を抜け出すことは減って来ました。三学期には「学校でのザワザワ」はなくなりましたが、相変わらず体育の時の着替えは嫌がります。

妹の誕生と「赤ちゃん返り」

小学五年生の十一月には妹が生まれ、その頃はお母さんに、「私のこと好き?」と何度も聞いて甘えるようになりました。学校では保健室に行くことも少なくなり、大きな問題はなかったのですが、家ではお母さんの言うことはなかなか聞かず、癇癪《かんしゃく》を起こすことが増えました。しかし、小学五年生の終わり頃には、「赤ちゃん返り」もなくなり、妹の面倒もよく見るようになりました。

「ママ大好き」

小学六年生の六月の診察では、お母さんは「最近のママ大好き」と言われたと喜んでいました。学校では、教室の隅に行くことは何回かあったものの、保健室に行くことはなくなりました。六年生になって保健室の先生が替わったことも一因かも知れません。二学期には、「保健室で休んでる暇とか、行ってる暇がない」とSさん自ら話しています。六年生になっても「学校でのザワザワ」を訴えることはありませんでした。

Sさんは高校入学まで通院していましたが、中学時代も「学校でのザワザワ」が気になることはありませんでした。

遠い風景から日常へのコメント③

WISC-Ⅲと学習の成果

SさんのWISC-Ⅲの検査結果は、小学三年生の十月の検査では、言語性IQ115、動作性IQ115、全検査118で、小学四年生の十一月の検査では、言語性IQ100、動作性IQ115、全検査IQ105でした（いずれも90パーセント信頼区間で数値を変更）。「単語」の評価点が下がったため言語性IQが下がっていますが、あとは大差がありません。自閉スペクトラム症では、全検査IQが平均以上であっても学習に問題が生じることは珍しくありませんが、Sさんの場合は学習の成果は平均的でした。

聴覚過敏

自閉スペクトラム症では、抽象的な考えが苦手な子は小学四年生ぐらいから躓《つまず》き、その学習上の問題が行動上の問題となって目立って来ることがあります。Sさんは少なくとも小学二年生からの問題行動ですので、それには当てはまらないようです。やはり「学校でのザワザワ」に問題があるようなので、「聴覚過敏」が思い浮かびます。自閉スペクトラム症でも単に刺激に対する過敏さがあって、ADHD治療薬が有効な場合もありますし、効果があまり感じられないこともあります。

「聴覚過敏」の場合は、嫌なものが発する音に過敏に反応します。ある特定の子が立てる音や、人が苦手な子は「人が立てるすべての音」が不快な音として過敏に反応します。

薬物療法なしで……

Sさんの場合は、自閉スペクトラム症を持つ子が過ごしやすい環境にすることによって「聴覚過敏」はなくなりました。「嫌なことがあれば保健室」という行動パターンも、保健室利用のルールを作ることで、「嫌な時はいつでも保健室」という行動は減少してゆきました。

中学校では、小学校での取り組みの情報が伝わっていましたので、大きな混乱もなく中学生活に移行することが出来ました。

Sさんは小学四年生から高校入学まで通院していましたが、その間一度も薬物療法は行わずに経過しました。

症例④　N・Z　十歳（小学校四年生）　男子　自閉スペクトラム症

先生が付きっきり

Nくんは、小学四年生の一月にお母さんと担任の先生と一緒に受診しました。教室に入りづらくイライラするというのが受診の理由です。

Nくんの歩き始めは九か月で、話し始めはちょっと遅かったようです。乳幼児健診では、他の子と比べて遅れていると言われたようですが、細かいことはわかりません。保育園はお母さんの都合で二回替わっています。どの保育園でもよく暴れ、自分勝手で皆と遊べなかったようで、トラブル防止のため先生が付きっきりだったようです。

お祖父ちゃん

四歳頃から小学四年生の夏休みまでは、お祖父ちゃんがNくんを育てていました。お母さんは飲食店に勤めていて、子どもはお祖父ちゃんに任せて、大人の付き合いを大事にしていたようです。

しかし、お祖父ちゃんが心臓の病気で入院したために、小学四年生の二学期からはお母さんが育てることになりました。Nくんはもともと落ち着きがない子どもでしたが、その頃からさらに「落ち着きのなさ」は顕著になってきました。

また二学期からは遅刻することが増えてきて、学校にはだいたい九時頃に到着します。学校は嫌いではないようで、不登校はみられません。しかし十月頃からは教室に入りたがらなくなり、教室に入るとイライラしています。イライラして物を投げるのですが、人には当たらないようにしているみたいです。また椅子を持ち上げるポーズもします。教室に入れない日は特別支援学級で過ごしますが、そこでもイライラして喧嘩をてしまうことがあります。

Nくんは友だちとの関わりを求める方で、特に皆とサッカーをするのが好きですが、Nくんはサッカーの時も乱暴なので皆の方は嫌がっています。

ひらがなの「へ」と「て」

勉強はあまり出来ません。意外とコツコツやるのですが、学習内容はなかなか定着しません。例えば、漢字も一所懸命書くのですが、覚えるのは難しいようです。ひらがなの「へ」と「て」を間違ったりして、音読もすらすら出来ません。文章の理解が難しく、「わからない」と言って立ち歩いたりしますが、先生が付いて説明すると理解出来ることがあります。課題をこなすペースが遅く、他の子が「出来た」と言うとイライラしてしまいます。

自分で決めたことが出来ないと先へは進めません。例えば、下敷きを敷くと決めていたのに、下敷きがないとなると、そこから先には進めなくなって大暴れしてしまいます。

Nくんの遅刻

初診時は、診察室での立ち歩きはなく、質問にも短いながらきちんと答えます。仲の良い子は、クラスでは十人ぐらい、クラス以外では二十人ぐらいと答えていました。

Nくんのお母さんの主な生活拠点は、校区外の地域にあるようです。Nくんは毎日学校から校区内の家に帰って、そこで六時まで独りで過ごします。六時頃にお母さんが迎えに来て、朝は学校までお母さんが送ってくれます。Nくんが遅刻して来るのは、Nくんだけの問題ではなかったようです。

三月の診察の時には、お母さんはイライラの強いNくんにお薬を出して欲しいとのことでしたが、まずはNくんの生活を整えて、小学五年生になってからの様子を見て考えることになりました。

小学校も中学校も転校

次にNくんとお母さんが受診したのは、中学三年生の二月の終わりでした。

Nくんは小学五年生に転校して、別の小学校に通いました。また、中学校もお母さんの都合で、二回転校しました。いずれの学校でも友だちとのトラブルが多く、中学三年生では月に一回は喧嘩をしていたと言います。

再受診のきっかけは、学校での喧嘩を止めてくれた先生に手を出してしまったことです。警察沙汰になったこともあってか、診察室ではNくんは言葉数も少なくうつむいていました。もう少しで中学は卒業ですが、今回は高校入学を待たずに薬を処方しました。

高校の間は定期的に通院し、服薬を続けていました。いらつくことはありましたが、めったに喧嘩はしませんでした。ただ、高校三年生の二学期には、就職活動のストレスもあったのか、授業中に椅子を蹴るなどして暴れることがありました。それで謹慎することはありましたが、無事に就職も決まり高校を卒業しました。

社長さんの理解

就職した夏頃に会社の社長さん自ら病院に足を運んでくれました。職場でも少しいらつきが見られることはあるものの、Nくんの真面目な働きぶりは評価されていました。社長さんは、「病気は理解しましたので、出来るだけサポートいたします」ともおっしゃって下さいました。それで安心して治療を終了することが出来ました。

遠い風景から日常へのコメント④

お母さんの生活が不安定

Nくんはお母さんが養育の中心を担うようになってから、特に問題行動が目立って来ました。初診時に担任の先生が同行して下さったことからもわかると思いますが、お母さんも言語的なコミュニケーションが苦手です。お母さんの生活が不安定で、そういう家庭環境がNくんの問題行動が目立って来た要因の一つだろうと考えられます。

イライラの原因

イライラして物に当たったり喧嘩をしたりする一方で、学習には真面目に取り組む一面も見られます。Nくんの小学四年生でのWISC－Ⅲの検査結果は、言語性IQ85、動作性IQ90、全検査IQ85でした（90パーセント信頼区間で数値を変更）。

自閉スペクトラム症の特性もあることから、小学四年生からは学習面でもより大変になっていたと思われます。Nくんのいらつきの別の要因としては、学習面での難しさに起因しているのではないかと疑うことも必要です。高校の時は、自分では勉強をしているつもりが、テストの結果が良くなくてイライラしていました。テスト返却期間は、決まって「イライラ期間」でした。

リスパダール

Nくんは、就学前から自閉スペクトラム症らしい対人関係のイライラがみられていました。

言葉で自分の気持ちや考えを表現出来ずにイライラしている自閉スペクトラム症では、気分安定薬のリスパダール（第二巻「資料　薬を学ぶ」①参照）が有効であることが多い印象です。そういう意味では、小学四年生でお母さんが薬を希望した時に薬を処方しておいても良かったのですが、Nくんの生活環境を整える必要性をお母さんに自覚してもらうために先送りしました。しかし、小学五年生で転校してしまい、治療が中断してしまったのは大きな誤算でした。

症例⑤ L・N 十歳（小学校四年生） 女子 自閉スペクトラム症

虚言癖

Lさんがお母さんと当院を受診したのは、小学四年生の冬休みが明けてすぐのことでした。

一見すると聡明で躾《しつけ》の行き届いたように見えるLさんですが、お母さんは小学一年生の頃からのLさんの「虚言癖」について、自分の育て方が悪いのではないかとずっと悩んでいました。それで小学四年生になって、スクールカウンセラー（注1）に相談に行くようになりました。

「老成した女性」と「幼児」の共存

Lさんは、成績が良かったこともあり、担任の先生はLさんのことをそれほど問題に感じていないようでした。しかし、スクールカウンセラーには、Lさんの行動には一貫性がないように見えました。またLさんの人格の中には、あたかも「老成した女性」と

「幼児」が共存しているかのように見えました。そして感情と行動が一致しないような違和感がありました。お母さんも「虚言癖」が気になっていたこともあり、スクールカウンセラーに勧められて、当院受診となりました。

「駄目出し」

Lさんは乳幼児健診では問題を指摘されることはありませんでした。幼稚園は、いわゆる自由教育で、自分がしたいことをするという園の方針でした。Lさんは他の子の行動に対して、すぐに「〜したらダメなのに」と駄目出しをします。それで年少の時に友だちとのトラブルがあって、しばらく幼稚園に行きたがらない時期がありました。それでも幼稚園は休むことなく登園して、孤立することはありませんでした。ただすごく仲の良い友だちはいなかったようです。

「忘れた」

お母さんによると、小学一年生の時から失敗すると嘘でごまかし、その問題点を問いただそうとすると、言うことが突然変わったりするということでした。さらに必要のない嘘をついたり、嘘がばれると「忘れた」と言ったりすることがあります。

また、Ｌさんはお姉さんの物を勝手に自分の物にしてしまうので、お母さんは同じものを買い与えるのですが、それでもお姉さんの同じものを盗《と》ってしまいます。

独自の解釈

友だちのお母さんによると、Ｌさんは「お祖母ちゃんが亡くなったこと」を話してくれた時、とても「陽気なストーリー」であるかのように話したのには驚いたようです。Ｌさんのお母さんとお父さんはともに温和な人で、あれこれ工夫してＬさんに接してみたものの、Ｌさんの「虚言癖」は変わりませんでした。

学校では、好きな先生にべったりとくっ付くなど、人との距離感が取りにくいところがありました。周りの友だちはみな穏やかな子であったこともあり、友だちとのトラブルはみられませんでした。

生活面では片付けが苦手で、引き出しの中はグチャグチャです。体操服もぐしゃっとなっていました。勉強は良く出来て、成績も良かったのですが、四年生の教科書の定番の「ごんぎつね」の話（注２）は独自の解釈をしていたようです。「ごんぎつね」の話は、ごんぎつねが死んでしまうという結末なのですが、Lさんはごんぎつねは生きていると思っていました。

嘘をついているという意識はない

Lさんは、初診の時からはきはきと受け答えをして、しっかりした印象でした。嘘をついた時、Lさんは自分でも何で嘘をついたかわからないようです。また、お姉さんの物を盗った時にも、何で盗ったかわからないと言います。

二回目の受診の時には、心理検査の説明をして、まずは「虚言癖」の問題から扱うことにしました。

Lさんは聡明な子で、自分が気付かずに嘘をついてしまうことを理解して、自ら障害を意識して生活し出しました。それで徐々に「虚言」は減ってゆきました。しかし、自分でコントロールしようと努力しているせいか、以前より情緒が不安定で、落ち込んだり泣いたりすることが増えました。

記憶を作る

小学五年生になってクラスが変わったけれど、学校は楽しく登校出来ていました。ある時、Lさんが追いかけていた男の子が、別の男の子にぶつかってしまうことがありました。そこでぶつかった男の子は、「Lさんが押したからぶつかった」と主張しました。Lさんは、「自分はただ追いかけていただけなのに、もしかしたら自分の都合のいいように記憶を作ってしまったのではないか」と心配になったと言います。このように、自分の特性を過度に気にして不安になることはありましたが、「嘘」はほとんどなくなりました。

「母死ね」

六月はお母さんだけの受診でしたが、学校ではみんなと上手くやっており、家でも母親を気遣い、積極的にお手伝いをしているという話でした。その一方で、赤ちゃん返りみたいに、「日常的なこと」は一つ一つ言わないとしないという話もありました。また、「母死ね」と書いてある紙を偶然見つけてしまったとも話されました。

解離症状

お母さんに解離症状（注3）である可能性を話して、様子を見ることにしたのですが、次に受診されたのは、小学六年生の一学期の終わりでした。

この時もお母さんだけの受診でしたが、前回受診した後からは落ち着いてきたとのことでした。しかし、ゲーム機を取り上げることがあって、家のお金を盗って密かにゲーム機を買うという事件が起こりました。それで心配になって相談しに来られたようでした。これも発達障害ではしばしば見られることであることを説明し、まずは家でのお金の管理をしっかりしてもらうようにお願いしました。

それ以後は相談に来られることはありませんでした。

遠い風景から日常へのコメント⑤

暗黙の前提

発達障害の臨床に関わっている人なら、一度や二度ならず「この子は嘘ばかりつくんです」という親の訴えを耳にしたことがあるのではないでしょうか。本人に直接話を聞くと、悪意は感じられず、むしろ困惑した表情さえ浮かべます。

「嘘」を広辞苑で調べてみると、第一番目の意味として「真実でないこと。また、そのことば」とあります。

ところで、Lさんの小学四年生の時のＷＩＳＣ－Ⅲの結果は、言語性ＩＱ１３０、動作性ＩＱ１００、全検査ＩＱ１２０であり（90パーセント信頼区間で数値を変更）、特に言語性ＩＱの高さが目立ちます。このように言葉の面ではしっかりしているLさんですから、皆と同じように「真実」を認識し、それに基づいて話をしているという暗黙の前提があり、「真実」と食い違う話をすると「嘘つき」ということになってしまうのです。

ファンタジーが真実に

発達障害の「嘘つき」には、様々な要因があります。

何かを問い詰められて、ついついその場しのぎのことを言ってしまい、「嘘つき」になってしまうことがあります。親に「嘘つき」と認定されると、親は「嘘つき」にならないようにさらに問い詰めるので、ますます「嘘つき」になってしまいます。

そのような場合は、詰問《きつもん》を少し緩《ゆる》めてもらって、本人の言い分を聞いてあげるのも一つの方法です。

厄介なのは「真実」の問題です。自閉スペクトラム症を持つ子の場合、物事に関して独特な解釈をすることがあるので、「真実」の把握が一般とは異なることがあります。また、記憶が自分の都合のいいように変わったり、ファンタジーが「真実」に変化したりすることがあります。

「陽気なストーリー」

お祖母ちゃんの亡くなった話では、お祖母ちゃんとの楽しかった思い出が甦ったのかも知れません。あるいはお祖母ちゃんが亡くなった時に、「何か」滑稽《こっけい》なことが起こって、そちらに気を取られたのかも知れません。

また葬送は賑やかにお祭のようにする国もあります。亡くなった方を陽気に見送る風習があるところもあります。来世（あの世）に行くことが幸せと考える考え方もあるでしょうから、Lさんの「陽気なストーリー」は心配し過ぎる必要はありません。

ただ、社会的には齟齬《そご》をきたすことがあるので、人が亡くなった時の「現代の日本での常識」を教えてあげることは大切です。

「ごんぎつね」に関しては、Lさんの話をもっと聞いてあげれば良かったと後悔しています。

……………………

注1　スクールカウンセラー　略称、SC。スクールカウンセラーはその名の通り、学校で児童・生徒、保護者、教師のカウンセリングを担う（相談にのる）。ただ常駐ではない。身分は非常勤の特別職。週に八時間から十二時間の勤務（上限は三十時間）。しかし現状は週四時間から八時間程度。平均時給五千円前後。スクールカウンセラーになるには臨床心理士、公認心理師、医師等の資格が求められる。それで多くは、複数の教育機関を掛け持ちしたり、医師・研究者・クリニックの経営者などの職と並行しながらこれに従事する。スクールカウンセラーは、児童・生徒、保護者、教師に現状を客観的に伝えるアドバイザーとしても重い存在である。また常駐でないことには、利点もあって「馴れ合い」を防ぐという。

注2　「ごんぎつね」の話　コラム『ごんぎつね』参照。

注3　解離症状　自分が自分であるという感覚が失われている状態。症状として、ある出来事のある部分の記憶がすっぽり抜け落ちたりする。自分は〝そこ〟にいないのである。多くの場合、辛い体験から自分を切り離そうとして起こる。一種の自己防衛本能とも考えられる。六年生症例⑨参照。

コラム

『ごんぎつね』

子狐・ごん

昔むかし、中山という所に、小さなお城がありました。そのお城から少し離れた所に、「ごん」という狐が住んでいました。まだ子どもです。シダの森の中に穴を掘って一人暮らしていました。子どもだし、一人だし、寂しくて、ごんは毎日山を下りては、村で悪戯《いたずら》をして一日を過ごしていました。畑の芋を掘り起こして散らかしたり、干してある菜種殻《なたねがら》に火を点《つ》けたりと色々悪さをしていました。そんな中、ごんは取り返しのつかないことをしてしまいます。

兵十と鰻

その中山の村に兵十《ひょうじゅう》という若者が病気の母と暮らしていたのですが、その母が「鰻を食べたい」と言ったのでしょう、兵十は秋の雨あがりの濁った川に入って、鰻を捕《と》っていました。運よく漁はうまくいきました。それを見ていたごんは、兵十がその場を離れた隙に、折角の獲物をポンポンと川に放り投げてしまいます。しかしどうしても一番大きい鰻だけは、ごんの首に巻き付いてうまく川に入ってくれません。手こずっているところに、兵十が戻って来て「盗っ人きつねめ」と、怒鳴りました。ごんは逃げました。しかし巣穴に着いても鰻は離れてくれないのでごんは、鰻の頭をかみくだきました。

ごんと鰻

子狐ごんの首に巻きついて、どうしても離れない大きな鰻。谷中安規画。新美南吉第二童話集『花のき村と盗人たち』初版本（昭和十八年）より。

ごんの贈り物

十日ほど経って、兵十の家ではお葬式が行われていました。兵十のお母さんが死んだのです。兵十はうなだれています。ごんは後悔します。それで何とか兵十に元気になってもらおうと、山で栗の実を拾っては兵十にわからないように毎日毎日届けました。時には珍しい松茸も一緒に届けました。兵十はこの誰からともわからない贈り物に大喜び。しかし或る日、兵十が納屋《なや》で縄を綯《な》っていた時、兵十は家の中に入るごんを見て「あの時の悪戯きつねだ」と、壁に掛けてあった火縄銃でごんを撃ちます。玉は見事命中。ごんは倒れ伏します。兵十がごんの傍らへ駆け寄ると栗がいっぱい落ちていました。「毎日栗を運んでくれたのは、お前か」とごんに問うと、ごんは目をあけることもなく、頷きました。

寂しい三人

これは夭折《ようせつ》の童話作家・新美南吉《にいみなんきち》の十八歳（昭和六年／一九三一）の時の短編。大分端折《はしょ》って書いたので、是非全文を読んで頂きたいと思います。

ところで、この作品、最後、悲劇で終わっているのはなぜでしょう。ごんの「死」は兵十にとっても、辛いもの。読者にとっても辛いもの。南吉はどうしてハッピーエンドにしなかったのでしょうか。

この物語は作者が村の古老に昔話を聞くという形を取って始まります。昔話は時として残酷。しかしこの作品の最後は「昔話の残酷」ではありません。作者の意図です。「哀話」として成立させたい、という作者のこころから出たものと思われます。南吉自身、寂しい生い立ちでありました。彼は幼くして母を失っています。

狐のごんも貧しい若い兵十も、作者・南吉も寂しい。「ごんの死」で兵十の悲しみは母を亡くした時のように彼を襲います。この童話は小学校の教科書にも採られますが、奥はとても深いようです。

ごんは生きている

こう見てみると、自閉スペクトラム症のLさんの「ごんは生きている」という解釈は、決して的外れなものではありません。童話の世界の「続き」では、ごんは生きて兵十と楽しく暮らすのです。「さみしさ」が二人を繋ぎます。「さみしさ」は共有されるのです。

よく読むとごんは倒れましたが、死んだとはどこにも書かれていません。結末は読者に委ねられています。最後の一行……火縄銃の「青いけむり」は、そんな想像を許します。

日常の残酷

ただこの物語、丁寧にその描写を見てゆくと気になるところが幾つかあります。最初に書いた「ごんは、鰻の頭をかみくだきました」とか、兵十の母の葬式の葬列が、墓地へと続く道に赤い布のように美しく咲き続く彼岸花《ひがんばな》を「踏み折って」進む様子。この描写は、人々の営み、日常というものの中に既に残酷さは潜んでいるのだと感じさせるものがあります。兵十がごんを咄嗟《とっさ》に銃で撃ってしまう結末が予想される描写です。

でも繰り返しますが、作者は、ごんが死んだとは書いていないのです。

症例⑥ U・T 十歳（小学校四年生） 男子 自閉スペクトラム症

発達障害への無関心

Uくんは歩き始めも、話し始めも遅れはありませんでした。しかし人見知りが激しく、幼稚園ではみんなの輪の中に入っていくのが苦手でした。ちょうどこの頃、テレビでADHDと自閉症に関する特集が放送されて、それを見たお母さんは少し気になっていました。しかし、Uくんに幼稚園への行き渋りはなかったので、発達障害かどうかを専門機関に相談することはありませんでした。

小学校に入ったUくんは、家では学校での出来事を全く話してくれません。学校で友だちがいるかどうかも話しませんし、嫌なことがあっても話しませんでした。

身体の動きもぎこちなく、ノートのマスのなかに文字を書くことが出来ませんでした。授業中に発表はするのですが、言葉は途切れとぎれで、発表には時間が掛かります。しかし、Uくんが通っていた小学校は、発達障害への関心がほとんどなかったため、当然支援もありませんし、親に専門機関への相談を勧めることもありませんでした。

巡回相談員

小学三年生になってから、幼稚園に通うのがすごく嫌だったことや、小学一、二年生の時に嫌がらせを受けたことなど、家で昔の嫌なことを言い出すようになりました。そして小学三年生の三学期からは、「見られているんじゃないか」、「大丈夫かな」という不安が目立ち始めたこともあり、市の特別支援教育の巡回相談員（注1）が関わることになりました。

小学四年生になっても、変わらず不安が続き、時間を何度も見直すなどの確認行動も目立ち始めました。五月になって、巡回相談員はＷＩＳＣ－Ⅲの検査をして、両親に病院の受診を勧めましたが、なかなか受診してもらえませんでした。学校は休まず通えていましたが、「自分がとても不安」と言うようになったため、小学四年生の十二月にようやく両親とともに当院を受診しました。

「勉強は好きです」

初診時のＵくんは、「学校は楽しいです」、「嫌なことはありません」、「勉強は好きです」などと答え、不安を訴えることはなく、困っていることはないと言っていました。両親は、発達障害を気にしながらも、はっきりさせようというよりは、どちらかというと「発達障害を認めたくない」という気持ちが働いているような印象です。

先生によると、友だちは大人しいタイプの子が二人ぐらいいるようですが、そのうちの一人は不登校の傾向があって、ほとんど学校に来ることはありません。

学習面は厳しいようです。国語では説明が苦手で、話が広がって要点が上手く伝わりません。算数は計算も図形も全般的に苦手です。ただ、都道府県名はよく覚えていて、電車の知識は誰にも負けません。

「見られている感じ」

小学四年生の三学期も不安を訴えることなく過ごしました。小学五年生になって、Uくんは勉強が楽しくなってきたと言い、お母さんもしっかりしてきたと言っていました。夏休みに学校の先生に話を伺ったところ、学校では変わらず大人しい子といることが多く、独りになるのも苦にはならないようです。

運動は相変わらず苦手で、水泳の時の泳ぐ姿は溺れているようにしかみえないようです。実はずっと前から水泳を習っているのですが、バタ足からの進歩がありません。ドッジボールの時には、頭に当たるとセーフというルールを利用して、キャッチをせずに自らボールを頭に当てようとします。

学習面は相変わらず厳しく、理科では問題の意味からしてわかりません。社会では表《ひょう》からの読み取りが出来ません。

算数では同じ間違いを何度も繰り返します。三角形の内角の和は180度なのに、160度と覚えてしまい、修正がききません。算数のテストで全くわからない時に、自ら「0点」と書いていました。

診察の時には「嫌なことはない」と言いますが、嫌なことはまめに書き留めているようです。先生からは、Uくんは誰かに「見られている感じ」があるように見えるようです。

二学期からの診察でも、時々「見られている感じ」があると言いますが、本人も両親も訴えに深刻さはありません。同じような感じで小学六年生を過ごし、中学への移行もスムーズでした。

遠い風景から日常へのコメント⑥

やっと受診へ

特別支援教育が始まってから随分経ちますが、支援にはかなり地域差がみられます。Uくんの住む地域は、小学校も中学校も発達障害の理解が乏しい地域です。Uくんの場合は、特別支援教育の巡回相談員によって小学一年生の時から発達の問題が指摘されていました。しかし、小学校の先生は日頃から子どもに接しているのは自分たちだという思いが強く、なかなか相談員の指摘を受け入れませんでした。両親も発達の問題を感じながらも専門機関へ相談されることはありませんでしたが、Uくんが不安を訴え始めたために、学校の先生も両親もどうしていいかわからず、やっと当院の受診に繋がりました。

WISC-ⅢとWISC-Ⅳ

いわゆる「発達検査」は、子どもの特性を知ることだけでなく、病院受診を勧める際にも役にたちます。Uくんの小学四年生の五月のＷＩＳＣ－Ⅲの検査結果は、言語性ＩＱ１１０、動作性ＩＱ65、全検査ＩＱ85、言語理解１１０、知覚統合65、注意記憶１００、処理速度75でした。

病院での検査はＷＩＳＣ－Ⅳで小学四年生の二月に施行しています。検査結果は全検査ＩＱ75、言語理解85、知覚推理85、ワーキングメモリー65、処理速度70でした。検査結果の数値はいずれも90パーセント信頼区間で変更しています。

検査の違いに関して補足しておくと、注意記憶の下位検査は数唱８、算数11で、ワーキングメモリーの下位検査は数唱６、語音整列２、算数11でした（ＷＩＳＣ－Ⅳでは、算数は補助検査）。ＷＩＳＣ－Ⅲの下位検査項目にはない語音整列の評価点の低さが目立ちます。

因みに、自閉スペクトラム症を持つ人のワーキングメモリーの検査では、Ｕくんのように数唱が語音整列を上回る人と、逆に数唱が語音整列を下回る人がいます。

両親は発達障害を気にしながらも見ない振りで、学校の先生も理解に乏しいので上手く介入出来たとは思えませんが、Ｕくんはその後不安が増強することなく、小学校を終えることが出来たことは良かったと思います。

注1　巡回相談員　特別支援教育に関する知識と技能をもって、支援が必要な児童・生徒と学校、保護者、専門家等を繋いでいく人。具体的には、LD、ADHD等の発達障害に関する知識をもっていること、「発達検査」を実施し、その結果を分析出来る技能をもっていること。また他機関との連携を図ることが出来る人。大学教員、医師、臨床心理士、教育委員会指導主事、特別支援学校教諭、言語聴覚士、民間の発達障害の専門機関の職員、ソーシャルワーカー、児童相談所等の福祉機関の職員等がその役割を担う。

症例⑦　S・B　九歳（小学校四年生）男子　自閉スペクトラム症

四歳で空手

Sくんは歩き始めも話し始めも遅れはなく、乳幼児健診でも問題を指摘されることはありませんでした。保育園では友だちと遊ぶことも出来ていて、特に問題になることはありませんでした。四歳に始めた空手は、小学六年生まで続けていました。

小学校入学後も授業中の立ち歩きもなく、特別に先生から注意を受けるようなことはありませんでした。家での会話はゲームのキャラクターの話ばかりです。キャラクターについての知識は豊富で話し出すと止まりませんが、学校の話は両親が聞いてもあまりしてくれません。話してくれたと思ったら、一か月前や一年前の話だったりします。

教室から出て行く

小学四年生になって、教室から出て行く友だちに付いて行って、教室から出て行くことがありました。それから一人でふらっと教室を出て行って、その辺りを散歩したりしていました。

また、教室の窓の所に腰掛けていることがありました。教室は三階なので先生は慌てて止めましたが、本人は平然としていて、「落ちたらどうなるのかなと思った」と言っていました。それで先生はどう対応していいのかわからず、スクールカウンセラーに相談してみました。

「死ね」は口癖

両親はSくんが小さい時から落ち着きがないと感じていたようで、学校での危険行為を機にスクールカウンセラーから受診を勧められたこともあって、小学四年生の九月に当院を受診しました。

先生によると、Ｓくんは「やりたくないことは、やらない」、「しないと言ったら、しない」という頑固さがあると言います。友だちはいるのですが、ちょっかいから言い合いになってすぐに喧嘩になってしまいます。口癖のように「死ね」というので、地域では問題にもなっているらしいのです。

時々耳が悪い

初診の時は、説明が苦手ながら一所懸命に話してくれました。学校は楽しく行けているようです。嫌いな科目は、「ない。嫌いなものあるとしたら、レポートみたいな感じ。ちょっとだけ嫌い」だそうです。家での困りごとは「お母さんがイライラして、勉強に集中出来ない」ことだそうです。学校で困ることは「何か時々耳悪くて、話聞けない」、「トイレ掃除とかで水掛けられたりとか。わざとじゃない。ホースやったらわざとと思う」と話してくれました。将来は警察官になりたいようです。因みに、Ｓくんのお父さんは警察官です。

自閉スペクトラム症を告知

二回目の受診は九月の末でした。診察室に入るとすぐに、「こっちの色がいい」と言って看護師さんの椅子に座りたがります。二学期はふらっと出て行くことなく、ちゃんと座っていることを自分で報告してくれました。

両親に自閉スペクトラム症の話をしている横で、Ｓくんも嫌がることなく聞いていました。

料理に凝る

十一月の受診の時は、学校では楽しくやっているという報告です。教室を出て行くこともありません。「病気のことをどう言ったらいいのかな」とお母さんに聞いてきたことがありました。

家では二つ以上のお願いをしても一つしかしないとのことです。あと新しいことと言えば、料理に凝《こ》りだしたようです。

一月に受診した時も、学校では落ち着いているようです。料理はスパゲッティを作っていると話してくれました。「オムライスの作り方を知っている。見て覚えた」と少し自慢げです。料理の話をしているかと思えば、脈絡なく「凍《い》てつきたい」とひと言叫んでいました。お母さんによると、相変わらず二つ以上のことを頼むと出来ないようです。また、難しい言葉を使いたがるけど、使い方が適切でないとのことです。

「死ぬ」と言い出す

三月に受診した時も、学校では大きな問題はなかったようです。ただ、塾で低学年の子に名字をもじった「あだ名」を付けられたことに腹を立て、コンパスを持ち出そうとしたことがありました。それで注意されて「死ぬ」と言い出すことがありましたが、すぐに落ち着きを取り戻したようです。診察の時は、本人も「出来たらほっときたい」と言っていました。

小学五年生からは通級指導教室が出来たので、Sくんもそこに通うようになりました。五年生になっても一学期は楽しく過ごしていましたが、二学期頃からは友だちから「意味わからん」、「黙っとけ」とかと言われることが多くなり、低学年の子と遊ぶことが増えました。三学期の終わり頃には、同級生の友だちとは遊んでもらえなくなり、話し掛けても無視されるようになりました。

小学六年生の五月の受診の時は、本人は困っていることはないと言っていましたが、クラスの雰囲気は「微妙」と言い、すこし元気がなさそうに見えました。その後も遊び相手は一、二年生の低学年の子で、同級生とは上手く付き合えなかったようですが、学校は休むことなく通って卒業しました。好きな空手は大きな支えになったようです。

遠い風景から日常へのコメント⑦

DSM－Ⅳ－TR

DSM－Ⅳ－TRでは、特定不能の広汎性発達障害（PDD－NOS）に当たる症例です。DSM－5ではPDD－NOSの診断名はありませんが、DSM－5においてもPDD－NOSタイプの自閉スペクトラム症を自閉スペクトラム症としてきちんと捉えることは大切です。

それにはまず、親御さんの訴えを過小評価しないように心掛ける必要があります。PDD－NOSタイプのお子さんを持つ親御さんの場合は、「〝こだわり〟が強いので困ります」との訴えがあっても、いざ具体例と言われると言葉に詰まることがよくあります。日常生活の至るところに〝こだわり〟はあるのですが、生活全般にわたるのでエピソードとして拾い上げることが難しいのです。エピソードが拾い上げにくいというのも、ＰＤＤ－ＮＯＳの一つの指標と言えるかも知れません。

危険行為

Ｓくんの場合のように、小学三年生まではこれと言ったエピソードは語られないのに、小学四年生の時のような周りがびっくりする行為で問題に気付かされる場合があります。

Ｓくんのように危険行為がある場合は、診断名をきちんと告知して、特性に対する対応を示す方が両親は安心されると思います。また、両親への説明はＳくんも一緒に傍で聞いており、障害を自覚することで問題行動が減りました。

因みに、Ｓくんの小学四年生でのＷＩＳＣ－Ⅲの結果は、言語性ＩＱ90、動作性ＩＱ90、全検査ＩＱ90で、群指数は言語理解90、知覚統合95、注意記憶80、処理速度95でした。また、中学進学に向けて施行した小学六年生での結果は、言語性ＩＱ95、動作性ＩＱ95、全検査ＩＱ95、群指数は言語理解95、知覚統合１００、注意記憶95、処理速度100でした。いずれも数値は90パーセント信頼区間で変更しています。

……………

症例⑧　Y・L　九歳（小学校四年生）男子　自閉スペクトラム症

小児科に相談

Yくんは歩き始めも話し始めも遅れはなく、乳幼児健診でも問題はありませんでした。保育園の時は、電車で遊ぶのが好きで特急電車の名前をよく覚えていました。保育園では孤立している訳ではないのですが、周りの子と遊んでいる感じではなかったので、お母さんは心配してかかりつけの小児科に相談しました。そこの先生からは「問題ない」と言われたので、お母さんは気にしながらもそのままにしていました。

専門病院を受診

小学校に入って三年生までは、「忘れ物が目立つ」などはありましたが、大きな問題もなく学校生活を送っていました。小学四年生の一学期に参観日があって、そこでYくんが先生の話を聞かずに授業に茶々を入れているのを見て、お母さんはずいぶんショックを受けました。それで今度は発達障害を専門に診てくれる病院に行ってみようと考えて、小学四年生の九月に当院を受診しました。

鬼の形相

学校の先生も気になることがいくつかあったものの、一度病院に行ったことがあると聞いていたので受診は勧めなかったと言います。

先生の話では、Yくんは場の雰囲気がわからず、相手のことを思いやることが出来ないようです。また、触られるのが嫌《いや》で、触られると「鬼の形相」で思いっきり相手を蹴ります。それでみんなはYくんのことを敬遠しがちなのですが、Yくんと同じように教室には空気が読めない子が他に二人いるので、その子たちとはよく話をしています。

授業では、前の時間のことでも気に入ったことはずっとやっています。話を聞かず、好きなことをやっていて、自分のやっていることを妨げられると怒り出します。Yくんには先生の声が聞こえていないのです。

また手を挙げるので当ててみると、「先生は何歳?」などと授業と全然関係のない質問をします。

漢字の画数

初診の時はきちんと座って受け答えが出来ました。教科で嫌なのは国語だそうです。「一、二年の時は好き。今は漢字の画数が多い」と言うので、画数の多い漢字が増えてきて国語が嫌になってきたようです。「算数は一、二年の時は面倒くさかった」と言いますが、どうも三年生になって学習塾「公文《くもん》」に行き出してから、算数が好きになったようです。一番好きなのは理科で、実験が出来るのが楽しいようです。

仲の良い子は十人、将来なりたいのは電車の運転手、困っていることはないようです。

ADHD治療薬の反応

お母さんはYくんの発達障害が気になって受診されたので、病名の告知はスムーズに出来、問題はありませんでした。そして十二月からは、「忘れ物が多い」、「提出物が出せない」、「メモを取るのを忘れる」などのことに対してＡＤＨＤ治療薬の反応をみることにしました。

二月の受診の時には、落ち着いて物事に取り組めるようになって、喧嘩も減りました。また、先生の声も聞こえるようになったと言います。

学級崩壊

小学五年生になってからは授業中の「思い付きの発言」はなくなり落ち着いて過ごしていました。忘れ物も目立つことはなくなりました。ただ、整理は苦手で、授業中も机の上は物がてんこ盛りです。それでも二学期の初めは先生にほめられるほど、落ち着いて物事に取り組めました。

しかし十一月頃には学校でポスターを破るなどの問題行動が見られるようになり、薬を二週間飲み忘れていることがわかりました。その後は薬をきちんと飲むようになったのですが、それでも落ち着きません。自分が言ったことも忘れるし、勉強にも取り組めず、二学期の成績は惨憺《さんたん》たるものでした。

実は二学期になって学級崩壊が始まっていたようで、年明け早々に学級崩壊のことで緊急保護者会が開かれました。その後は学級崩壊が収まり、Yくんも落ち着きを取り戻しました。

小学六年生になってからも時々小さな問題はありますが、サッカーを始めて、勉強もスポーツも前向きに取り組むことが出来ました。

遠い風景から日常へのコメント⑧

評価点は高値

Yくんの小学四年生の時のＷＩＳＣ－Ⅲの検査結果は、言語性ＩＱ１１０、動作性ＩＱ１２０、全検査ＩＱ１１５で、群指数は言語理解１１０、知覚統合１１５、注意記憶１２０、処理速度１１０です（90パーセント信頼区間で数値を変更）。下位検査評価点で低値のものは理解7だけでした。注意記憶の下位検査である算数の評価点は14と高値で、公文に通っている影響があるのかも知れませんが、いずれにしても数値は高値です。

財布を忘れる

発達障害で多い「忘れ物をする」という現象（注1）の要因は様々で、複合的な場合が少なくありません。「注意記憶」や「ワーキングメモリー」の群指数が低いからと言うものではありません。

財布を忘れた時のことを考えてみましょう。財布を今日持って行くカバンに入れようとして忘れることがあります。また財布を持って行くこと自体忘れていたりします。前者の場合は、例えば自閉スペクトラム症で起こります。他のことで頭がいっぱいで、「財布を入れること」が意識から抜け落ちてしまっているのです。後者の場合は、例えばＡＤＨＤの場合です。ＡＤＨＤの場合、たとえ財布が目に入っていても財布に気付かなかったり、他のことに気を取られていなくても「財布を持って行くこと」自体に注意が向かなかったりします。もちろん普通にうっかり忘れることもあるでしょう。

実際のところ、このような様々な要因をクリアカット（明確、明快）に分けることは困難です。しかし、少なくともＹくんのお母さんは、Ｙくんの「物忘れ」の多いことについて心配しているので、ＡＤＨＤ治療薬を服用してもらって、「物忘れ」

がどう変化していくか反応を見てみることは有用です。

過剰な音刺激

ＡＤＨＤ治療薬を使用してみると、最初のターゲットとなる症状（Ｙくんの場合、忘れ物が多い、提出物が出せない、メモを取るのを忘れること）の改善以外にも、新しいことがわかって、それが改善したりします。

Ｙくんの場合は音の聞こえで、「先生の声も聞こえるようになった」と言っています。ＡＤＨＤ傾向を持つ人の中には、音刺激が過剰に入って来て肝心な声（ここでは先生の声）が聞き取りづらくなります。ＡＤＨＤ治療薬の服薬で余分な音刺激がカットされて、先生の声が聞き易くなります。

Ｙくん自身は生まれ付き過剰な音刺激の中にいて、それが普通の状態になっていたので、過剰とは気付きませんでした。ＡＤＨＤ治療薬を服薬して初めて、声が聞き易くなったり、頭がスッキリしたりするのです。その結果として、全体として落ち着くこともあるのです。

注1 「忘れ物をする」という現象 「忘れ物」は自閉スペクトラム症を知るための一つの指標となる。ＡＤＨＤでの「忘れ物」の問題は、ＡＤＨＤ治療薬で解決出来る場合もある。ＡＤＨＤ治療薬を通して、その子の「物忘れ」が、ＡＤＨＤから来ているものか、自閉スペクトラム症から来ているものかどうか、その反応を見てゆくことで症状改善に繋がる。

コラム

『手袋を買いに』

これもまた新美南吉の童話です。

子狐の雪遊び

森に狐の母子がおりました。

寒い冬のことです。子狐にとっては初めての冬です。夜に真っ白な雪がどっさりと降りました。その朝のこと。小狐は初めての雪に戸惑いながらも、雪とさんざん遊んでくたびれてお家に帰りました。そしてお母さんに言いました。

「お手々が冷たい」と。お母さんは子狐の手に、「はーーっ」と息を吹きかけて、「ぬくとい母さんの手」でやんわり包んであげました。そして、

「坊や、夜になったら町へ手袋を買いに行きましょう」

と言いました。ただ町の手袋屋さんは狐には手袋を売ってくれません。狐は悪戯をすると思われているからです。前にお母さんは町に出掛けて恐い思いをしています。

人間の手・狐の手

それで、お母さんは子狐の手を人間の手に変えます、片方だけ。そして母さん狐は、

「坊や、この人間の手の方に白銅貨《はくどうか》を二つ持たせますから、手だけを、手袋を売っている帽子屋の戸の隙間《すきま》に入れて『この手に合う手袋を下さい』と言うのですよ。必ず人間の手の方を出すのですよ」

と、念を押しました。もちろんお母さんも子狐を一人行かすのは不安ですが。どうしても足が進まないのです。

子狐は母の言う通りに致しました。と、いう風にはうまくはいかず、帽子屋の戸が開いた瞬間、光が眩《まばゆ》く子狐は慌てて狐の手の方を出してしまいました。それでも帽子屋さんはお金を確かめると、手袋を子狐にあつらえてくれました。子狐は思いました。「人間は恐くない」。

「子守歌」

そして好奇心いっぱいの子狐、真っすぐには母の待つ場所に帰らず、町を歩き回ります。人間観察です。

ある家の窓の下を通りかかると「子守歌」が聞こえてきました。

「ねむれ　ねむれ　母の胸に、ねむれ　ねむれ　母の手に」

なんというやさしい、何という美しい声なのでしょう。子狐はうっとり。そのとたん急に母さんが恋しくなって、母さんが待っている所へ跳んで行きました。

お母さんはとても心配して待っていました。そこに手袋をした子狐が勢いよく走って戻って来ましたので、一安心。その母に子狐が言います。

「人間ってちっとも恐《こわ》かないや」

母狐は、子狐の奔放さにあきれましたが、一方で「ほんとうに人間はいいものかしら。ほんとうに人間はいいものかしら」とつぶやきました。

新美南吉と狐

この話の核は母狐が「人間は恐い」と思っているのに対し、手袋を首尾よく手に入れた小狐は「人間ってちっとも恐かないや」と言うところです。「恐かない」にはもうひとつ理由があります。子狐は、町をうろうろします。その時、子どもを寝かしつける人間のお母さんを見ます。その人は子狐のお母さんと同じように子どもに「子守歌」を美しく歌っていました。そこで子狐は思うのです。「なんだ。狐のお母さんも人間のお母さんもちっとも変わらないよ」と。「母さんというものは、やさしくあたたかいものなんだ」と。

南吉の童話には狐がよく登場します。南吉の時代、人間と狐は近しいものでした。狐はそれほど人間を恐れず里山から村へ遊びに来ました。悪戯もしましたが、『ごんぎつね』のごんのように、人間のこころを読んで人間に寄り添って暮らしていました。

栗の木と子狐・ごん

『新美南吉童話集』岩波文庫　一九九六年初版　表紙を飾った『ごんぎつね』のごん。「手袋を買いに」が収められている。絵はごんが栗の実を拾って兵十の家に届けるところ。

今は狐の住む里山がありません。奥山から降りてきた狐は、悪戯する元気もなく、食べるものを探します。狐は飢えています。それで人間は狐に銃を向けます。南吉は、野山を駆け回って遊ぶ狐を愛おしく思っていました。お稲荷さんの信仰に狐が結び付くのも人間と狐が、親しい関係にあったからです。

この物語の最後の母狐の科白《せりふ》、

「ほんとうに人間はいいものかしら。ほんとうに人間はいいものかしら」

は、作者・新美南吉のほんとうの言葉です。

症例⑨ I・Z　十歳（小学校四年生）　男子　自閉スペクトラム症

喋らない

Iくんは歩き始めも話し始めも遅れはなく、乳幼児健診でも問題は指摘されませんでした。保育園では喋りませんでしたが、「保育園には行かないといけない」と思っていたようで行き渋りはみられませんでした。保育園では話さなかったのですが、友だちが家に来てくれたら喋っていたようです。

保育園に行く前は、食事の量が少なく、風邪薬なども嫌がって飲みませんでした。しかし、保育園で給食が始まると普通に食べるようになりました。

小学校に入っても、学校では喋りませんでした。家では普通に喋っていて、ゲームで上手くいかないと「切れて」いました。

小学二年生で転校したのですが状況に変化はありませんでした。お母さんは教育相談にも行ってみましたが、病院に行くほどではないと言われたといいます。しかし学校では喋らない状態が続いていたので、さすがにご両親も心配になって四年生の担任に相談しました。そして病院を受診することを勧められ、Ｉくんは小学四年生の一月末に両親とともに当院を受診しました。

斬新なアイデアの作品

診察室では初診時から緊張することなく話をすることが出来ました。質問に対しての答が短いことは、自閉スペクトラム症を持つ子ではよく見られることです。学校は勉強が嫌で、楽しくないようです。嫌いな科目は算数で、好きな科目は図工です。休み時間は図書室で過ごしているようです。将来なりたいのは漫画家です。困っていることを尋ねると、「何かあるか知らんけど、わからへん」と答えました。

学校では話をせず、自分から働き掛けて何かをするということはありません。クラスのみんなもIくんに関わろうとしてくれて、いじめられたり仲間外れにされたりすることはありませんが、休み時間は絵を描いて過ごしているようです。勉強は全く出来ない訳ではないのですが、算数は苦手です。漢字はよく覚えていて、図工では斬新なアイデアの作品を作ります。

焦ったり、緊張したり

小学五年生になっても変わったことはありません。相変わらず学校では喋りませんが、嫌がることなく登校しています。クラスのみんなはIくんの在《あ》り方を認めてくれているので問題になることはありません。しかし、課題が多いと、「多い」というだけで頭が真っ白になってしまいます。学習面では焦ったり緊張したりすることが強く、時間に追い詰められると頭が混乱するようです。

家ではおしゃべり

夏休みはほとんど家で過ごしていましたが、家ではうるさいくらい喋ります。二学期からは喋ろうという気はあったようですが、相変わらず学校では喋りません。喋ったら

「わーっ、喋った」と皆に言われるのが嫌だと言います。

小学五年生の三学期になって、両親はこのまましばらく様子をみたいとのことで通院を終了しました。

遠い風景から日常へのコメント ⑨

「場面緘黙」と選択性緘黙

Ｉくんは小学四年生の時の知能検査では話すことが出来ました。因みにＷＩＳＣ－Ⅲの検査結果は言語性ＩＱ80、動作性ＩＱ１００、全検査ＩＱ90で、群指数は言語理解80、知覚統合１０５、注意記憶90、処理速度85でした（90パーセント信頼区間で数値を変更）。Ｐ－ＦスタディやＳＣＴといった記述式の検査では、自閉スペクトラム症を持つ子どもの中でもしっかりと書けていました。字は筆圧が高く丁寧です。

学校だけで喋らないＩくんは、いわゆる「場面緘黙《ばめんかんもく》」として知っている方も多いでしょう。このシリーズ「第二巻」の小学二年生の症例でも扱っています。そのコメントでも述べたように、いわゆる「場面緘黙」はＤＳＭ－５では選択性緘黙(selective mutism／注１)と訳され、不安症のグループに入っています。

選択性緘黙は「他の状況で話しているにもかかわらず、話すことが期待されている特定の社会状況(例：学校)において、話すことが一貫して出来ないこと」とあります。第二巻でも説明したように、自閉スペクトラム症の場合は選択性緘黙に当てはまらないので、Ｉくんも選択性緘黙という診断にはなりません。ここでは便宜上、「場面緘黙」と記述することとします。

抗不安薬で対応

Ｉくんの対人緊張はそう強くないようなので学校には通えています。ただ学習時には緊張が見られるので、それが「場面緘黙」の要因の一つかも知れません。また保育園の時から「場面緘黙」が見られているので、学習時の問題だけではなさそうです。もう少し経過を見たかったのですが、両親は「場面緘黙」をＩくんの在り方として受け入れられたようなので、それはそれで良かったのかなとも思います。

Ｉくんはいずれ喋れるようになると思いますが、中学入学の時が大きなチャンスです。中学の出だしだけでも抗不安薬を服用することで、「中学デビュー」が楽になるかも知れません。

小学校の時に「場面緘黙」だった子の中には、中学からは普通に喋り出した子もいます。通常はあまり喋らないけれど、演劇部に入って科白《せりふ》は喋る子もいました。中には成人して、司会の仕事をしている子もいます。

注1　選択性緘黙　選択性緘黙は、正常ないしほぼ正常の言語能力を有するにもかかわらず、特定の状況で「話さない」あるいは「話せない」状態を指す。わが国では「場面緘黙」という語が用いられている。しかし、家庭でも、母親とは喋るが父親とは喋らないなど、喋らない対象の選択は「場面」のみでなく「人」のこともあり、場面緘黙という用語は適切でないと言える。喋らない対象・場面の選択は様々である。

ただ、DSM－5での選択性緘黙の中心概念は場面緘黙と解釈出来る。親しい友人や祖父母のような近い親類が「喋らない」対象となり得ることは、選択性緘黙において付随してみられる臨床像として挙げられている。

コラム

『牛をつないだ椿の木』

これも『ごんぎつね』を書いた新美南吉の童話のお話です。

椿の木と湧き水

村に椿の木がありました。山に入る道端にありました。その椿の木を目印に山を一町（約百メートル強）ばかり入った所に湧《わ》き水がありました。美味しい清水でした。

丁度この椿の木の所まで来ると、村の人たちは喉が渇きます。それで、皆山に入ってこの清い水を飲みました。

或る日、人力曳《じんりきひ》きの海蔵《かいぞう》さんと牛曳きの利助《りすけ》さんが、その清水をお腹いっぱい飲みました。その時利助さんは牛を椿の木に繋いでゆきました。

二人が戻ってくると、自転車を止めたご主人が、そこに居りました。大層怒っております。なぜかというと、利助さんの牛がご主人の椿の木の葉をすべて食べてしまっていたからです。

利助さんは謝《あやま》りましたが、ご主人はなかなか許してくれません。海蔵さんも一緒に謝りました。それで何とかご主人の怒りは収まったようです。

三十円

このことがあってから、海蔵さんはみんなのために何とかあの椿の根元に井戸を掘りたいと思いました。

井戸を掘るにはお金がかかります。三十円かかります。海蔵さんにとっては大金です。それで「あそこに井戸があればみんなが助かるで」とまずは利助さんに相談しました。駄目でした。

海蔵さんは皆から喜捨《きしゃ》を仰ごうと工夫しましたが、これも駄目でした。それで海蔵さんは三十円を何とか自分のお小遣いをためて作りました。二年かかりました。人力曳きの仲間がたむろする「駄菓子屋」に行っても大好きな「油菓子」を我慢して何も食べずにお小遣いを貯めました。

「悪い心になっただな」

「これでやっと井戸が出来る」と海蔵さんは勇んで地主のあのご主人に、井戸を掘る許可をもらいに行きました。駄目でした。がっかりする海蔵さんを見てそこの息子さんが「ご覧の通り親爺は急なしゃっくりで先はあまり長くない。私の代になったら許可するで」と言いました。海蔵さんは喜びました。それで家に帰ると早速そのことをお母さんに話しました。お母さんは哀しい顔をして海蔵さんに言いました。

「悪い心になっただな」

海蔵さんは「自分がしたいこと」を成功させるために「ご主人の死」を待ち望んでいるのですから、お母さんの言うことはもっともなのです。お母さんの言葉は海蔵さんの胸に突き刺さりました。

それで慌てて、翌朝を待ってご主人の家に行きました。そして謝りました。「わしは井戸のことばかり考えて、あなたの死を待ちました。鬼にも等しい心になりました。悪い心になりました。もうお願いはしません。ですから旦那さん、どうぞ死なないで下さい」

「いいお人じゃ」

この言葉を聞いたご主人は、

「お前さんはいいお人じゃ。椿の根元でもどこでも井戸を掘りなさい。あの辺りはみなわしの土地だから。お金が足りなかったら援助もしましょう」

と言ってくれました。「牛をつないだ椿の木」の根元に、立派な井戸が出来ました。村の人たちは大層喜んで、井戸から湧く清水をありがたく頂きました。

その後、海蔵さんは日本とロシアの戦いに兵士として海を渡りました。そうして勇ましく日露戦争の花と散りました。海蔵さんの井戸は今も村の人の喉を潤しています。その美しい水を飲んで道に疲れた人は元気を取り戻すのだそうです。

海蔵さんの改心

このストーリーも大分端折ったので、是非全文を読んで頂きたいと思います。

このお話いい話。海蔵さんいい人。ご主人もいい人。海蔵さんのお母さんもいい人。みんないい人。作者は海蔵さんのこころを淡々と描きます。教訓的なことなど一切言いません。それでも読者は海蔵さんのお母さんの言葉が心に留まります。心当りがある人もきっといるでしょう。

「悪い心になっただな」

確かに海蔵さんは村の人のために井戸を掘ろうとしたのです。そのために好きな油菓子も食べずに井戸掘りの代金三十円を貯めたのです。ちなみにこの「油菓子」は作者の故郷三河地方の御菓子の名で、少し硬いドーナツのようなものです。肉体労働の海蔵さんたちにとっての疲労回復の甘いもんでした。それを二年も我慢した海蔵さんはえらいです。けれど最初の「みんなのため」が「自分の満足のため」に、どこかですり変わっていったことに海蔵さんは気付きませんでした。お母さんの一言で、気付くのです。海蔵さんは改心します。それでご主人に謝ります。その海蔵さんの言葉を受けてすべてを許すご主人も立派な人です。ただの頑固爺ではありません。

立派な井戸が出来ました。村の人は大喜びです。それから……

花と散る

作者・新美南吉の生きた時代は、今のような平和な時代ではありません。日露戦争があり太平洋戦争があり、日本全体をどんよりした雲が覆っていました。南吉の暮らす三河地方は田舎ですが、それでも戦争の影響は免れません。この

新美南吉　童話集
『ごんぎつね　最後の胡弓ひき　ほか十四編』
講談社文庫　一九七二年初版　表紙。

お話の最後はとても哀しいのです。海蔵さんは、

「勇ましく日露戦争の花と散ったのです」

と作者・新美南吉はさらりと書きます。

海蔵さんは戦争で死んでしまいます。ですが、この物語を読み終えて浮かぶのは海蔵さんの笑顔です。「にこにこ」しながら町の方へ向かう坂道を登っていく軍服姿の海蔵さんの勇ましい後ろ姿です。

この「小さな作品」で私たちは大きなものを学びます。

自転車とご主人

山に入って美味しい水をたっぷり飲んで帰って来たら……。大沢昌助画。新美南吉第三童話集『牛をつないだ椿の木』初版本（昭和十八年）より。

小学校五年生

症例① L・T 十一歳（小学校五年生） 男子 自閉スペクトラム症

高機能自閉症受身型

Lくんは歩き始めに遅れはなかったのですが、お母さんの話では、恐がりで転ぶ練習をしてから歩き始めたと言います。

一歳半健診の時は、特に問題は指摘されなかったのですが、二歳の時に「おとなしい」と言われたので専門機関を受診されたとのことでした。お母さんはその時どこに受診したのかはよく覚えていないとのことですが、「高機能自閉症受身型」と言われたことは覚えていました。Lくんは急な変更が苦手でしたが、幼稚園の時は診断が付いていることもあり、よく声掛けをしてもらっていました。興味を持ったものはよく覚えるのですが、一つの興味はあまり長続きしなかったようです。

お母さんの希望で受診

小学三年生までは友だちを作ることが出来ませんでした。これではまずいと思ったお母さんはＬくんに友だちの作り方を教えました。それでようやく小学四年生になって友だちが出来たのです。勉強が目立って出来ない訳でもなく、先生が手を焼く生徒でもなかったので、先生から病院の受診を勧められることはありませんでした。

しかしお母さんは、Ｌくんに「そんなこと言ったらアカン」と言ってもわからないなどコミュニケーションが苦手なことを心配していたので、ぜひとも病院を受診したいと思っていました。そこで先生に相談したら当院のことを教えてくれたので受診したと言います。Ｌくんが受診したのは、小学五年生の夏休みの終わり頃でした。

「お笑い係」

初診の時は、椅子には座っているのですが、あちこち見渡したりしてシャキッとしません。質問に対しては短い答で、感想や好みについての質問には「普通」、「色々」という返事で話を終わらせてしまいます。人前に出て目立とうという感じには見えないのですが、将来の希望はお笑い芸人です。

先生に尋ねると、小学五年生の一学期は「お笑い係」だったとのことです。おじいさんの真似が上手で、それだけはクラスでけっこう笑いを取っていたようです。三、四年生の時はＬくんの余計な一言で友だちとトラブルになり、Ｌくん自身は訳がわからず固まってしまっていました。五年生になってからは「お笑い係」で自信を持ったのか、固まることは少なくなってきました。

新しいことが苦手

相変わらず予定が変わると戸惑い、新しいことが苦手です。給食で新しいメニューが出るとなかなか食べられません。食べられないどころか、頭痛や吐き気を催すことがありました。また嫌な時は微熱が出るのですが、給食で嫌いなホウレンソウが出ただけでも熱を出しました。手を抜くことが出来ず、うまく出来ない時にはずいぶん落ち込みます。想像して考えるのが苦手で、作文は事実の羅列です。自分の思いを書くことが出来ません。学習全体では大きな遅れはないのですが、字を書かせると一、二年生の書くような字で、絵も苦手です。

お母さんの話では、家でも自分でやることを決めると、きっちり守る子と言いますが、小学五年生になってお母さんの言うことは聞かなくなったそうです。また、朝早く目覚めてテレビを見ることが多く、妹が早く起きてくると不機嫌になります。

不安がる様子が心配

十月に受診した時は、お母さんのみの受診でしたが、たまに不安で眠れないことがあるようでした。三年後に地球が爆発するというのをテレビで見て、すごく不安がっていました。よく嫌なことを思い出すようで、それで給食が食べられなくなることもありました。

お母さんは、Lくんの不安がる様子をみるのが辛いとのことでしたので、少量の抗うつ薬を始めました。十一月にはLくんも受診しました。薬は飲めていて、恐いと思うこともないと言います。お母さんによると、朝六時半に起きていたのが起きなくなったので、よく眠れているのかなと思うとのことでした。

十二月も変わらず心配なことはなさそうです。お母さんも睡眠が深くなっている気がすると言います。話をする時には顔を上げてくれるし、泣いて不安そうなことは言わなくなったそうです。三学期には、走ったら心臓が痛いということがあったので小児科で診てもらったようですが、特に身体の問題は見付かりませんでした。

また心臓が痛い

小学六年生になっても、特に不安なことはなく、心臓の痛みもないようです。クラス替えがありましたが、学校も楽しそうです。一学期は大きな問題もなく過ごせたので、夏休みは薬なしで過ごしてもらいました。しかし八月の末頃には、また心臓が痛いと言うようになったので、服薬を再開しました。九月の終わり頃には心臓の痛みはなくなりましたが、少し疲れやすいようでした。十月の中頃からは再び元気になって来たので、冬休みからお薬なしで、三学期は服薬せずに過ごしました。

テニスに熱中

中学校に入学して、Lくん自身は嫌なことはないと言いますが、また眠れないことがしばしばです。友だちはなかなか出来ませんが、部活のテニスには熱中していました。一学期の間はお薬を飲んでいましたが、夏休み以降は飲んだり飲まなかったりしていました。二学期からはますますテニスに熱中し、学校生活にも慣れてゆきました。

遠い風景から日常へのコメント①

ＩＱ90

Ｌくんは二歳の時に、「高機能自閉症受身型」と言われています。「自閉症」という疾患名に、「高機能」という語と「受身型」という類型を示す語が付いています。「高機能」というのは何か特別な才能があるという訳ではなく、単に知的障害がないという意味です。ＩＱで言えば、概ね70以上だと知的障害がないということになります。これはＬくんの知能の特性を表わす語で、自閉スペクトラム症そのものの分類ではありません。また二歳という年齢で、高機能かどうかという判断はあまり意味がないように思います。確かに小学五年生で検査したところでは、ＬくんのＩＱは90だったので、高機能には間違いないのですが。

「受身型」社会性の障害

「受身型」というのは、イギリスの精神科医ローナ・ウィング（L.Wing）と臨床心理学者のジュディス・グールド（J.Gould）が社会的相互反応を、「孤立（aloof）」、「受身（passive）」、「積極・奇異（active-but-odd）」に分類したところによります（L.Wing&J.Gould, “Severe impairments of social interaction and associated abnormalities in children : Epidemiology and classification”, *Journal of Autism and Developmental Disorders* volume 9 (1), 1979, pp.11-29)。その「受身型」（The Passive Group）です。

ウィングは第一巻でも述べたようにアスペルガー症候群の名付け親で、基本的な特性として「社会性の障害」、「コミュニケーションの障害」、「想像力の障害」の三つ組みを取り出しています。教育や福祉の介入を計画するには、疾患を色々な角度から見るのも大切ではないかと、まず手始めに「社会性の障害」を以上の三つのタイプに分けて考えました。

「受身型」の特徴としては、自分から進んで対人関係を作ることや、非言語的コミュニケーション（顔つきや身振り手振りでの情報のやり取り）が苦手なことが挙げられ、気付かれにくいタイプです。「高機能」と同様、二歳で分類するには難があると思います。

このように「高機能自閉症受身型」というのは一つの疾患名ではなくて、自閉症（自閉スペクトラム症）の前に「高機能」という「知能」の特性を、後に「受身型」

という「社会性の障害」の特性をくっ付けて言っているだけなのです。

症例②
T・P　十一歳（小学校五年生）　男子　自閉スペクトラム症

和菓子職人のお父さん

Tくんは小学五年生の夏休みの終わりにお母さんと当院を受診しました。お母さんの話によれば、「発達障害のこともあるので、とりあえず受診して下さい」と担任の先生から言われたとのことでした。

Tくんは乳幼児健診では問題を指摘されたことはありませんが、幼稚園では友だちと喧嘩になることが多かったようです。小学二年生になる時に、新しく設立された学校に転校したということもあり、小学一年生の時の学校での様子はわかりません。

Tくんは和菓子職人のお父さんを尊敬していて、お父さんが決めたルールには素直に従うので、家では大きな問題はなかったようです。

「わからん」「わかりません」

小学二年生の入学式でいきなり、友だちと喧嘩して殴ることがありました。友だちとの関係作りが苦手で、その場の雰囲気でグループを作る時など、必ず一人になって余ってしまいます。ドッジボールなどのルールのある遊びでは、ルールを守れないことが多く、むしゃくしゃすると暴言を吐き捨てて、どこかへ行ってしまいます。

学習では、計算や漢字など自分の好きなことには取り組むことが出来ますが、自分の苦手なことや初めて取り組むものには「わからん」を連発します。文章を書くことが苦手で、「振り返り」や感想を書く時には、「わかりません」とだけしか書かないことが多々あります。漢字は得意なのですが、漢字テストで一つでもわからない箇所があると、すべてを消して白紙で提出したりします。

カウンセリング

三学期には、友だちの頭の上で雑巾を絞ることがあって、学校でカウンセリングを受けることになりました。しかし、その後も変わらず、集中が続かず、興味のないことは全くやろうとせず、授業とは関係ないことをやっていたり、すぐに他のことに気を取られたりします。気分にもむらがあるようで、調子が悪いと舌を鳴らしたり、口数が多くなったりします。五年生になると、性に関する言葉に異様に反応して、にやにやしながら何度も口にすることも増えてきました。友だちとのトラブルも相変わらず多く、五年生になって友だちにけがをさせることがあったため、ようやく受診に繋がりました。

舌打ち・性的な言葉

先生によると、Tくんは朝からずっと喋っていると言います。舌打ちも相変わらず目立ちます。気になることがあると我慢出来なかったり、友だちの気持ちが理解出来なかったりするのでトラブルが多いようです。性的な言葉への反応も気になるところで、性教育の授業では大興奮です。男の子の股間もよく触りに行くので、友だちからは嫌がられます。

「しんどい」、「面倒くさい」をよく口にするのですが、なぜ「しんどい」のか、なぜ「面倒くさい」のか、その理由は説明出来ません。

学習は、授業ではなかなか取り組めませんが、一対一なら学習への取り組みはまだましです。漢字と算数は自分から取り組むことが出来ます。お父さんの考えが、「算数は一番を取らないといけないけど、あとはいい」というものなので、その影響があるのかも知れません。

お父さんも参加

初診の時のTくんは、診察室の中ではウロウロすることも気が散ることもありません。質問に対しては短いですがきちんと答えてくれます。将来の希望は、家の店を継ぐことと言います。困っていることは、読解力がないので国語が出来ないことと答えてくれました。

お母さんは、学校の求めに応じて受診されたのですが、学校への不満はありません。学校での様子は聞いて知っていましたので、悩んではいたようです。学校でも薬の話が出たようですが、薬は出来るだけ飲ませたくないという考えです。アスペルガー障害の診断名には動揺することなく聞いておられました。

診断を受けて、学校の先生とスクールカウンセラーが、学校と家での新しいルールを作りました。Tくんは、お父さんのルールにはよく従うので、お父さんにもしっかり参加してもらいました。その後は徐々に落ち着き、問題行動も減ってきました。

希望していた担任

小学六年生の担任は、Tくんが希望していた先生になったので、先生に賞められることばかりするようになりました。四月の受診後は落ち着いており、小学校の間は受診されませんでした。

次に受診されたのは、中学一年生の夏休みの終わりです。中学に入って、勉強に大きく躓いているようです。Tくん自身も、気になることは「学力」と言います。数学以外は嫌いで、「それ以外もやらないといけないとは思うけど、頑張る気は半分」とのことです。お母さんによると、家で宿題に取り組む時間は十分がいいところで、ほとんどやる気が出ないようです。

中学の先生にもサポートをお願いし、個別の指導をしてもらえるようになり、その結果、先生も驚くほど勉強を始めました。

しかし教室では、みんなが盛り上がったあと、Tくんだけが止まらないこともあり、それを知ったお母さんは薬の服用も考えるようになりました。

遠い風景から日常へのコメント②

言語性IQ115

Tくんが小学五年の時に施行されたWISC－Ⅲでは、言語性IQ115、動作性IQ100、全検査IQ105でした（90パーセント信頼区間で数値を変更）。

自閉スペクトラム症では、テストの設問を途中までしか読まなかったり、自分勝手な読みをしたりするので、問われていることにきちんと答えていないことがあります。このため知能から期待するほどは、テスト結果に結び付かなかったりします。Tくんもテストでは、求められていることと違うことを回答していました。興味の偏《かたよ》りもあり、算数と漢字の勉強ぐらいしか身が入りません。しかし、Tくんは特に言語性IQが高いこともあり、小学校の間は何とか勉強に付いていけました。ただ、中学生になると知能の高さだけでは、小学校の時のようにはいきません。勉強に苦戦することが多いようです。

服薬の継続

Tくんの薬物療法としては、ADHD治療薬と気分安定薬の効果が期待出来そうですが、両親が薬物療法に対して拒否的でしたので薬を使用することは出来ませんでした。しかし中学でも友だちとのトラブルも続くし、学習面でも厳しくなって来たので、両親も薬物療法を考えざるを得なくなりました。

薬物療法はうまくゆきませんでした。もともと薬には拒否的だったので、薬の効果がみられて少し落ち着くと服薬しなくなり、また困ると服薬を開始するということの繰り返しでした。継続して服薬すれば、「もっと楽に生きられるのに」とは思いますが、これはこれで一つの方法だとも思います。

症例③ N・P 十歳（小学校五年生） 男子 自閉スペクトラム症 ADHD

発達障害の専門病院

Nくんは、小学校に入る前から落ち着きがなくて、すぐに何処かへ走って行ってしまう子どもでした。小学校は普通学級に入ったのですが、気が散り易く、周りがそわそわしていると集中出来なくなります。みんなの中では先生の話が理解出来ないので、個別に説明してもらう必要がありました。

忘れ物が多く、時間が守れません。ルールも守れず、すぐにカーッとなって友だちと喧嘩をすると、その後なかなか気持ちが収まりません。高い所に上って、落ちてけがをしたこともありました。このためNくんは小学三年生の時に発達障害を診てくれる専門病院を受診しました。

ストラテラからコンサータへ

Nくんは自閉スペクトラム症とADHDと診断されて、ADHD治療薬で治療を開始されました。ストラテラ（アトモキセチン）の服薬を始めて、少し授業に参加する割合は増えて来たのですが、四年生のクラスが落ち着かないクラスであったこともあり、再び授業に参加出来なくなりました。ちょっかいを出され、暴れて早退することもしばしばです。それでストラテラをコンサータ（メチルフェニデート）に変更されましたが、少し効《き》いている感じはしたものの、あまり授業に出られませんでした。それでいじめられることも増えて、家では「死にたい」と言って包丁を持ち出すこともありました。五年生になって、コンサータの量が増えたのですが、それでもなかなか問題の行動は収まりませんでした。

両親は薬が増えて、少し効果は感じるものの、お昼ご飯が全く食べられなくなったのが心配になったのと、薬がどんどん増えていくのが気になりました。それで特別支援学校の教育相談で相談したところ、当院で意見を聞いてはどうかと勧められたということで、Nくんは母親に連れられて、小学五年生の九月に当院を受診しました。

薬物療法の調整

Nくんは初診の時も反抗的な様子はなく、素直に質問に答えてくれます。学校では、自分は我慢しているけど、相手が喧嘩を仕掛けてくるから喧嘩をすると言います。学校のことを思い浮かべて、少し不機嫌ないらついた様子です。

勉強は算数と体育以外は大嫌いと言いますが、宿題は二回連続やらなかったら居残りになるので宿題はするそうです。

お母さんから見ても、暴れたらいけないことはわかっているようです。思い込みが強く、イライラの波が不安定で、五歳年下の弟に対しても目を吊り上げて怒ると言います。お母さんには、Nくんの行動を自閉スペクトラム症とADHDの特性から説明するとともに、気分の問題も大きく影響していることを説明しておきました。そして気分安定薬の使用も主治医と検討してみてはどうかと提案しました。

気分安定薬の効果

次の受診は、同じ年の十一月でした。やはり精神的に安定する薬があった方がいいのではと思って、少し遠方だけれど続けて当院に通院したいとのことでした。

早速、コンサータを減量して、気分安定薬のバルプロ酸ナトリウムを処方しました。すぐに現われた効果としては、お昼ご飯が全く食べられなかったのが、ご飯とお味噌汁ぐらいは何とか食べられるようになりました。

バルプロ酸は少量から始めなければならないのですが、それでも少し効果がみられたようです。お母さんによると、「細かいイライラは抑えられて、本人は楽と言っている」とのことでした。

その後、すぐに衝動的な行動が収まった訳ではありませんが、次第に楽しく過ごせる日が増えて来ました。小学六年生の夏には、コンサータの減量を目的に、別のＡＤＨＤ治療薬であるインチュニブ（グアンファシン）を加薬しています。

中学一年生になって環境が変わり、イライラが抑えられず友だちとのトラブルが増えたため、気分安定薬のリスパダール（リスペリドン　抗精神病薬）を加えて、中学二年頃からは落ち着いて過ごせるようになりました。中学三年生では、高校進学に対する前向きな姿勢も見られるようになりました。

遠い風景から日常へのコメント③

リスパダールとエビリファイ

抗精神病薬は、統合失調症などの幻覚・妄想などを和らげるお薬ですが、「小児期の自閉スペクトラム症に伴う易刺激性《いしげきせい》」に対しても使用が認められているお薬です。エビリファイ（アリピプラゾール）も小児に対する同じ適応を持ったお薬ですが、癖のあるお薬なのでリスパダールの方が使いやすいかも知れません。

気分安定薬はてんかんの薬であることも多く、バルプロ酸もその一つです。理由がはっきりしないのに、急にイライラするようになったと受診したケースでは、よく聞いてみると、てんかんが良くなって来たので、てんかんの薬を自分の判断で中止したということがわかりました。

四種類の向精神薬

Nくんの安定のために、コンサータ、インチュニブ、バルプロ酸、リスパダールの四種類の向精神薬を使用することになりました。

Nくんのように複数の向精神薬を必要とする子もいるのです。中途半端に症状を残してしまうと、先の社会参加が難しくなって来ます。

ただここで問題になるのは、親御さんや先生などの支援者の心配です。いつまでお薬を飲まなくてはいけないのだろうということと、お薬を止められなくなるのではないか（依存）ということです。実際は、症状が目立たなくなると、だいたいは勝手に薬の量を減らしたり止めてしまったりすることが多いのです。もちろん計画的に減量はしてゆきたいのですが。

統合失調症の服薬の問題

詳しくは第五巻で述べることになりますが、高校生の特に後半からは病状が新たなものになっていくこともあります。この頃になると、統合失調症という病気が目立ってくることがあります。この疾患は長期的な服薬が必要になるので、気を付けておかなければなりません。統合失調症は概ね百人に一人が罹る病気なので、発達障害を持つ子の中にも、当然この疾患を併せ持っている子がいます。

薬物療法を中止する時には、このことに注意をしておかなければなりません。

症例④ T・I 十歳（小学校五年生） 男子 自閉スペクトラム症

普通の子だった

Tくんは、歩き始めも話し始めも遅れはなく、乳幼児健診で問題を指摘されることもありませんでした。幼稚園では最初の二日間はお母さんからなかなか離れられなかったのですが、それ以降は行き渋りもなく登園していました。友だちとも普通に遊ぶことが出来ていたと言います。

給食前のドキドキ

小学校入学後は友だちも出来て、勉強も普通に進んでいるように見えました。ただ、小学一年生の給食の時に吐いたことがあってから、給食の前の四時限目はドキドキするようになりました。それから給食の量を少なめにしてもらっています。

それ以外の目立った問題はなく小学四年生になったのですが、四年生の三学期から休みがちになり、三月に入ってからは全く登校出来なくなりました。休み出したきっかけははっきりしませんが、この頃はお母さんが更年期障害のため体調が良くなくて、イライラすることが多かったようです。お母さんが登校を促しても、Tくんはお母さんに反抗して促しには応じません。またお母さんがTくんの嫌がることを言ってしまうこともあり、それでお母さんに暴力を振るってしまうのですが、それでいてお母さんにはベッタリなのです。学校の先生からすれば、家でTくんが暴れている様子は全く想像出来ないと言います。

「交換条件」

小学五年生になって、最初の二日だけは登校したのですが、それ以後、全く登校が出来ません。寝る時間も起きる時間も規則正しく、生活リズムは整っています。お父さんとお母さんは、Tくんを車で学校まで送ってゆくのですが、Tくんは車から降りようとしません。担任の先生が車まで迎えに行っても、Tくんは車の中でうつむいて顔も見せてくれません。さらに、担任や教育相談の先生、メンタルフレンド（注1）がTくんの家を訪ねても本人と会うことは出来ませんでした。

そんなTくんでしたが、「物を買ってくれるなら登校してもいい」と、「交換条件」を言い出すことが多くなってきました。それが聞き入れられないと暴れることもあります。欲しい物を売っている店に行きたがり、買ってもらうまでは梃子《てこ》でも動きません。

病名は告知せず

スクールカウンセラーはご両親と何度か面談し、Tくんの特性を理解して対応してもらうことが必要ではないかと考えて、ご両親に病院の受診を勧めました。それで小学五年生の五月にTくんはご両親とともに当院を受診しました。

初診時は、質問には一言も答えてくれませんでした。心理検査の時も視線が定まらず、やや緊張した様子でしたが、検査はきちんと受けることが出来ました。

二回目の受診の時も、Tくんは一言も話しません。ご両親とともに検査結果を聞いていたのですが、嫌がる様子もありませんでした。ご両親には自閉スペクトラム症の病名は告知せずに、Tくんの特性だけに言及しました。

「学校に行きたい」

夏休み前の三回目の受診で、やっとTくんの声を聞くことが出来ました。まだ学校には行けていなかったのですが、「学校に行きたい気持ちはある」と言います。夏休みには、先生の顔を見に学校に行くことになっていました。「学校に行きたい」と言うので、抗不安薬を勧め、薬を飲むことになりました。

夏休みに予定通り先生に会いに行くことも出来ました。家ではお母さんのトイレにまで付いて行っていたのですが、薬を飲んでからは、トイレの外で待ってくれるようになりました。しかし、まだお母さんへは手が出るようでした。

夏休み明けの九月からは、毎日学校に行って、二時間ほど別室で過ごすことが出来、運動会の練習も見ることが出来ました。

教室に入ることが出来た

十月からは、あまり薬を飲まなくなったのですが、何とか学校には行けていたので、一旦お薬は中止にしました。それでも二学期は、九時までには学校に行って、クラスには入れませんが、最後まで学校で過ごすことが出来ました。

三学期に入ると、また休みがちになったので、自分から薬を飲み始めたようです。それからは登校出来るようになったので、毎日お薬を飲んでもらうことが出来ました。三月には、「六年生を送る会」を後の方からですが見ることが出来ました。また、終業式にはクラス写真を撮るために教室に入ることが出来ました。

抗うつ薬の量

小学六年生の四月には、「学校には行きたいけど、ドキドキするので行けない」と言って、Tくん自身から薬の相談がありました。そこで抗うつ薬を少量始めました。副作用はありませんでしたが、二日から三日しか飲みませんでした。それで薬を少し増やしたところ毎日飲んでくれるようになりました。ドキドキもなくなり登校出来て、家で暴れることも少なくなりました。ずいぶん落ち着いて過ごせるようになって、七月頃からは薬をあまり飲まなくなりました。

二学期からも、薬は飲んだり飲まなかったりで、学校も時々休むことはありましたが、何日も続けて休むことはなくなりました。落ち着いて過ごせることも多くなったこともあり、二学期で通院は終了しています。

遠い風景から日常へのコメント④

勉強が出来ない

Tくんの小学五年生の時のWISC－Ⅲの検査結果は、言語性IQ80、動作性IQ100、全検査IQ90、言語理解80、知覚統合105、注意記憶75、処理速度95でした（90パーセント信頼区間で数値を変更）。

小学一年生の時から、頑張ってはいたものの、先生の話では勉強はあまり得意ではなかったようです。お母さんは、小学三年生頃から勉強が出来なくなったという認識です。小学四年生になると、さらに勉強が難しくなって学校も休みがちになり、お母さんとしては焦ってイライラするのも当然のことと思われます。

検査結果などを伝える時に本人が同席するかどうかは親に決めてもらいます。Tくんの場合は本人も同席しました。また、診断名を告げるかどうかは、障害をどのくらい受容出来るかどうかを量りながら決めることにしています。このケースの場合は、本人にも両親にも診断名は告げず、Tくんの特性として伝えました。本人も両親も特性を理解するだけで、心に余裕が出て来て、少し状況は改善します。

抗不安薬から抗うつ薬へ

服薬に関してあからさまな抵抗はありませんでしたが、両親としてはあまり飲ませたくないと思っていたのではないかと推測しています。抗不安薬（メイラックス）を途中から怠薬し始めた理由は、実は「薬を飲むと眠れない」というものでした。経過から考えて、Tくんの場合、メイラックスの服薬と不眠とは直接関係するものではないと思われるのですが、服薬拒否の合図だろうと一旦は中止しておきました。

再開した時は、もちろん不眠はみられませんでした。抗うつ薬（パキシル）に変更した時は、先の不眠の訴えを逆手にとって、少し鎮静効果も期待出来る薬を選択しました。Tくん自らの変薬希望だったので、薬に対する期待が大きかったのだろうと思います。それでパキシル５㎎から10㎎に増量することで効果が実感出来たので、続けて服薬してくれたのだと考えます。

Tくんはずいぶん落ち着いて生活出来るようになったのですが、先の人生を考えると、少なくとも中学一年生の夏頃までは通院を続けてもらいたかったところです。おそらく両親の「許容範囲」になったので通院を止められたのだと思いますが、そういう両親の心情もよく理解出来ます。

注1　メンタルフレンド　直訳通り「こころの友」。多くカウンセラーを目指す大学生が、自治体の保健局を通して応募する。仕事は各家庭を訪問して、不登校、引きこもりの子どもの話し相手、遊び相手、学習のお手伝いをする。スクールカウンセラーとの違いは子どもと年齢が近く「お兄さん」「お姉さん」という友だち感覚で子どもに接することが出来ること。資格はいらないが、仕事を始める前に児童相談所で訓練を受ける。一九九一年より始まった制度。

症例⑤　E・U　十一歳（小学校五年生）男子　自閉スペクトラム症

中学進学を考えて

Eくんの通う小学校は、地元色の強い地域にあって穏やかな学校です。全校児童の数も少なく、Eくんの学年は一クラスしかありません。その地域は新興住宅地に隣接していて、Eくんの通う予定の中学は、一学年何クラスもある大きな学校です。しかも教育熱心な家庭が多く、学習レベルの高い生徒が多いようです。

Eくんは今の小さな学校でも落ち着いて勉強出来ないので、お母さんは中学に進学し

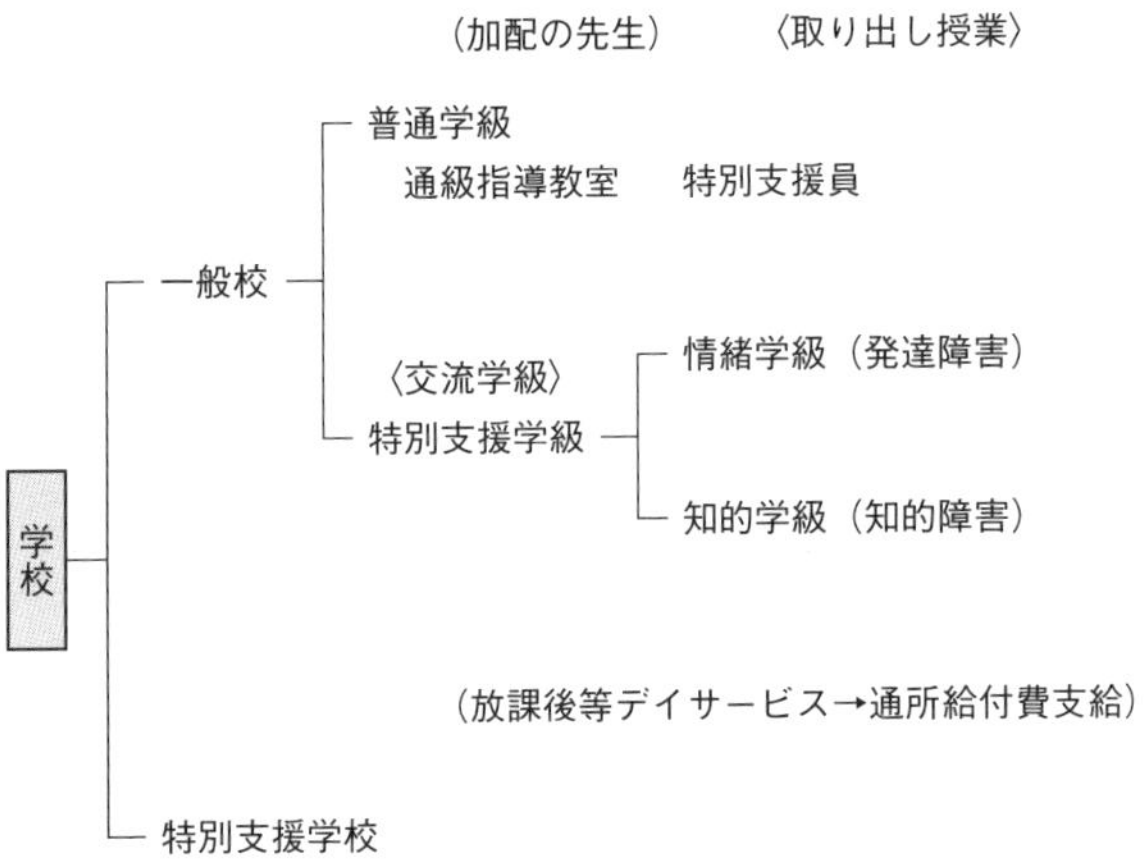

図3-1　特別支援体制図

た時のことを考えるとすごく心配です。それでEくんの通う通級指導教室（図3-1／注1）の先生に勧められて、小学五年生の三月に当院を受診しました。

筆圧が強い

お母さんの話によると、Eくんは乳幼児健診では問題を指摘されませんでしたが、保育園では集団行動が出来なかったようです。小学一年生の時は離席は目立たなかったのですが、学年が上がるに連れて席に着いていられなくなりました。

筆圧が強いためか、字を書くとすぐ疲れるので書くことを嫌います。メガネが必要な視力なのですが、メガネを掛けるのを嫌がります。Eくんは祖父母とお母さんの四人暮らしで、お母さんが大好きなこともあり、家では目立った問題はありません。

算数の時間に読書

先生によると、小学三年生の二学期頃から目立って落ち着かなくなったと言います。特に、週の初めは落ち着きません。全校の集まりには参加すら出来ないことがありました。気分はムラが目立ち、気分によって授業の取り組みも違います。算数の時間に、ずっと読書をして過ごすこともあるのですが、人を見て行動するところがあり、参観日や研究授業の時はきちんと授業を受けています。

危険な行動

小さな学校なので特別支援学級はなく、一人の特別支援員（注２）の先生が全校をカバーしています。小学四年生になっても学校だけでは問題行動は収まらず、十月から月に二回通級指導教室に通うことになって、他の学校に通って指導を受けています。

Ｅくんのクラスにはもう一人支援の対象になる子がいるのですが、小学五年生からは特別支援員の先生はほとんどEくんにかかりっきりになるほどでした。四月早々落ち着かず、床に寝転がり他の子の足を蹴ったり、段ボールに入って教室内を動き回ったりするので、他の子は落ち着いて勉強が出来ません。それで支援員の先生が図書室に連れ出して、一緒に勉強をしなければなりません。

このように床に寝転がったり、教卓の下に潜り込んでガタガタさせたりすることがしばしばあり、また他の子に抱き付いたりもします。それでもみんなはEくんを責めることはないのですが、Eくんは「みんなが優しくしてくれない」、「みんな、僕のことを死んだらいいと思っている」と言って、窓際の観察台に上がり、外に向かって両足をぶらぶらさせるなどの危険な行動をとったりします。

お母さんの困り感

小学五年生では一年を通して、このように好き勝手な行動をしたり、人の嫌がることをしたりしていました。トラブルの原因の「振り返り」をすると、一応は聞いているようですが、支援の先生に悪態をついたりしています。

病院を受診したのは三月の中旬で、小学五年生も終わりに近付いた頃です。お母さんも先のことを心配されていたものの、学校での様子の割には、お母さんの困り感はあまり感じられないのが気になりました。

パティシエになりたい

診察の時のEくんは、診察室で動き回ることはなく、礼儀正しく質問にもしっかり答えてくれます。将来の希望を尋ねると、「恥ずかしいんですけど、パティシエとか。お菓子が好きなのと、ホットケーキが上手く出来たので、おいしいケーキとか作って、食べてもらいたい」と言います。一か月位前から思っていたことのようで、お母さんは初耳でした。

先生から学校の様子を伺いたい旨をお母さんに話すと、横から口を挟んで、「それだけは止めて下さい。言ってないことがあるんです。実はクラスがうるさいんです」と言っていました。どうもお母さんに学校での様子を知られたくないようです。

シャープペンシルの使用

小学五年生も終わりなので、春休みに心理検査をして、小学六年生に備えることにしました。小学四年生にもＷＩＳＣ－Ⅲの検査をやっており、今回の同じ検査と比べると、気分によって出来・不出来が変わる様子が窺えました。学校での問題行動のことも併《あわ》せて、気分安定薬を勧めたところ、お母さんは服薬に抵抗があるようでしたが、Ｅくん自身は強く希望しました。

服薬後は学校でのトラブルが減り、学習の取り組みも良くなりましたが、次第に飲み忘れることが増えました。書字はシャープペンシルを使用すると、集中して出来るようになったので、学校に使用許可を出してもらいました。

受診が途切れる

二学期に入ってまた落ち着きがなくなって来たので、しばらく様子を見て薬を増やすかどうかを考えることにしました。十月になっても落ち着かないので薬を増やして様子を見ることにしました。十一月はお母さんだけの受診でした。薬はきちんと飲んでいないようでした。その後は受診されることはありませんでした。

遠い風景から日常へのコメント⑤

お母さんの服薬拒否

学校との連携では、担任、特別支援員に加えて、校長までも病院に来られました。Eくんは窓の外に乗り出すこともあり、ずいぶん指導に難しさを感じておられたようです。しかし地域性もあり、学校からはなかなか受診を勧めることが出来なかったようです。通級指導教室の先生がベテランで、お母さんの不安を上手く掬《すく》い上げて通院に繋げて下さいました。

しかし、お母さんは服薬に抵抗があるようで、通院が途切れてしまいました。小学校高学年になると、薬を飲まない子のほとんどは自らはっきりと拒否します。Eくんは自分でも薬の効果を実感しており、薬を飲んでいることを友だちに自慢していました。本例のように通院しなくなる場合は、たいてい親が障害受容に抵抗があったり、薬に抵抗があったりすることが多いように感じます。

気分障害と学習困難

ＡＤＨＤでは低学年から多動が目立ちますから、学年が上がるにしたがって落ち着きがなくなる場合は、気分障害や学習困難を考える必要があります。Ｅくんは学校での行動の観察から、問題行動は気分によることが大きいことが見てとれます。学習は通級指導教室の先生の話によれば、小学五年生になってやっと小学三年生の勉強を始めることが出来るようなレベルでしたから、Ｅくんの問題行動は学習困難の問題も反映していたようです。

ＷＩＳＣ－Ⅲは、小学四年生の六月と新小学六年生の四月（春休み中）に施行しています。結果は前者が言語性ＩＱ90、動作性ＩＱ95、全検査ＩＱ90で、後者が言語性ＩＱ１００、動作性ＩＱ90、全検査ＩＱ95でした（検査結果はいずれも90パーセント信頼区間で数値を変更）。それぞれの下位検査も大きく変化しており、小学四年生に検査を担当した先生とも検査結果を一緒に検討して、検査結果は気分の影響が大きいと考えられました。

注１　通級指導教室　普通学級に在籍しながら、発達に問題のあるその子、その子に合った指導をす

るために学校内に設けられた教室。週に何時間か通う。学校内にない場合は、放課後「他校通級」をする。「第二巻」百八十九頁、注1参照。

注2　特別支援員　正式名称は、特別支援教育支援員。多くは子どもの日常生活の世話をする「生活介助支援員」をいう。この「生活介助支援員」には特別な資格はいらない。特別支援員には「生活介助支援員」の他に、子どもの学習を手伝う「学習活動支援員」、子どもの医療をケアする「医療的ケア支援員」がいる。「学習活動」「医療的ケア」の支援員は、それぞれに教員免許状、看護師免許証が必要である。時給は千円に満たない。また身分は公務員であるが、非正規である。勤務時間は一週当たり二十時間程度。生活介助支援員は教室の中での仕事が多く、学習活動支援員は、教室から飛び出して来る子を別室で指導することが多い。

症例⑥　U・J　十歳（小学校五年生）　男子　自閉スペクトラム症　語音症

言葉の問題

お母さんによるとUくんの話し始めは遅かったそうですが、乳幼児健診で言葉が遅いと言われたのは三歳の時でした。おそらく喃語《なんご》（注1）の遅れはなかったのでしょうが、幼稚園になっても二語文しか話せませんでした。言葉で思いを伝えることは難しかったのですが、友だちと関わることは少なかったので、友だちとトラブルになることはありませんでした。

発音の問題

小学校に入っても言葉の問題が続くので、「ことばの教室」に通うことになりました。「ジャ」が「ダ」とか「ザ」という発音になったり、「ジュ」が「ズ」となったりします。聞いたことを正確にオウム返しすることも苦手です。五人から六人のグループで歌う場合は、皆と合わせて歌うことが難しく、独り速くなったり遅くなったりしてしまいます。自分の考えを伝えることは苦手ですが、気持ちが入ると早口になるので、ますます何を言っているのかわかりません。友だちからは「何を言ってるのかわからない」と言われたことはありますが、それでいじめられたことはありません。友だちとはドッジボールや「逃走中」(注2)などをして遊び、友だちの中ではむしろリーダー的な存在です。

「様子」がわからない

お母さんの話では、見たことのあるもの以外の単語はあまり知らないのではないかということです。例えば、Uくんの家には箪笥がないので、「たんす」という言葉がわからないと言います。先生からも、他の子が普通はどこかで聞いて何となく知っているものを知らないようだと言われています。見たもの、体験したものは良く覚えているようです。また、漢字の一つ一つは覚えているのですが、知っている漢字でも合わさると覚えられません。例えば、「様」は「さま」、「子」は「こ」と覚えているのですが、「様子《ようす》」となると混乱してしまいます。算数では、計算は出来ますが、やはり文章題が苦手です。

学校はこのようなUくんをどう理解して支援するのがいいのかと思い、お母さんに病院の受診を勧めました。そして小学五年生の五月に当院を受診しました。

語尾が聞き取れない

初診時から診察室では、はきはきと喋ってくれましたが、言語が不明瞭で、特に語尾がなかなか聞き取れませんでした。勉強は社会が嫌いなだけのようです。「社会は、家のことを調べたり、銀行のことだとか、意味がわからない」と言い、調べてまとめるのが苦手なようです。運動はスポーツ少年団で野球をやっていて、将来の夢は野球選手です。

二回目からの受診は両親だけでした。国語の勉強は一人でするのが難しいようですが、宿題は一所懸命やっており、学校には楽しく行けています。野球のコーチの言っていることがわからない場合が多々あるのですが、両親からコーチにもUくんの特性を話してくれたので、コーチから怒られることはありません。Uくん自身も、自分の説明が苦手という特性を理解しながら話しているせいか、聞き返されることも以前より減ってきました。

お相撲さんと力士

十一月に年下の子のズボンをずらす事件があったことを機に、両親に自閉スペクトラム症の疾患名を告知しました。

お相撲さんを力士と言ったらわからないようなことはありますが、三学期には成績が上がってきました。テストで悪い点の時は隠して親に見せなかったりしますが、仲間外れにされている子どもに「かわいそう」と言って一緒に遊んだりしています。それで両親は安心して、小学五年生で通院を一旦終了されました。

遠い風景から日常へのコメント⑥

言語理解と知覚統合

Uくんの小学五年生の時のＷＩＳＣ－Ⅲの検査結果は、言語性ＩＱ85、動作性ＩＱ１０５、全検査ＩＱ95でした（90パーセント信頼区間で数値を変更）。因みに、言語理解の下位検査評価点は、知識6、類似6、単語6、理解11で、知覚統合の下位検査評価点は、絵画完成7、絵画配列11、積木模様12、組合せ10です。言語理解で「理解」が有意《ゆうい》に高く、知覚統合では「絵画完成」が有意に低い結果でした。

言語症の併存

一般に特異的会話構音障害（ＩＣＤ－10）即ちＤＳＭ－５の語音症（Speech sound Disorder　表３－１）は「ことばの教室」などでの指導で、だいたい八歳ぐらいまでにはかなり改善するようです。しかし、言語症（Language Disorder　表３－２）が併存している場合ですと、かなり改善は難しくなります。

Uくんは十歳で、しかも「ことばの教室」にも通っていたにもかかわらず、Uくんと話す時に目立つのは構音障害です。このような場合には、構音障害以外のコミュニケーションの妨げにも注意を払わなければなりません。Uくんの就学前の様子を見ると、言葉の少なさや、幼稚園でもやっと二語文が話せる程度であったことから言語症や自閉スペクトラム症の併存も考えなければなりません。「お相撲さん」と「力士」を同じものと考えられないことは自閉スペクトラム症にしばしばみられることで、自閉スペクトラム症の「強迫性」の現われと考えられています。因みに、Uくんには妹がいて、妹は力士がお相撲さんのことだとわかっています。

「対人相互作用」

ところで、DSM－Ⅳの中心症状では「コミュニケーションの障害」と「対人相互作用の障害」が分かれていたのですが、それらの線引きが難しいことからDSM－5では「人と人のコミュニケーションと相互作用の障害」と一つにまとめられています。コミュニケーションは、情報の「やり取り」のことで、言葉を使った「やり取り」が言語性コミュニケーション、表情や態度を用いる「やり取り」が非言語性コミュニケーションです。

表3-1　語音症の診断基準（DSM-5）

A	会話のわかりやすさを妨げ、または言語的コミュニケーションによる意思伝達を阻《はば》むような、語音の産出に持続的な困難さがある。
B	その障害は効果的なコミュニケーションに制限をもたらし、社会参加、学業成績、または職業的能力の一つまたは複数を妨げる。
C	症状の始まりは発達期早期である。
D	その困難さは、脳性麻痺、口蓋裂、聾、難聴などのような先天性または後天性の疾患、頭部外傷、他の医学的疾患または神経疾患などによるものではない。

表3-2　言語症の診断基準（DSM-5）

A	複数の様式（即ち、話す、書く、手話、あるいはその他）の言語の習得及び使用における持続的な困難さで、以下のような言語理解または言語産出の欠陥によるもの。 1　少ない語彙（単語の知識および使用）。 2　限定された構文（文法及び語形論の規則に基づいた文章を形成するために、単語と語の末尾を配置する能力）。 3　話法（一つの話題や一連の出来事を説明または表現したり、会話をしたりするために、語彙を使用し文章を繋げる能力）における障害。
B	言語能力は年齢において期待されるものより本質的かつ量的に低く、効果的なコミュニケーション、社会参加、学業成績、または職業的能力の一つまたは複数において機能的な制限をもたらしている。
C	症状の始まりは発達期早期である。
D	その困難さは、聴力またはその他の感覚障害、運動機能障害、または他の身体的または精神医学的疾患によるものではなく、知的能力障害（知的発達症）または全般的発達遅延によってはうまく説明されない。

「対人相互作用」は、例えば、その場その場での相手の考えや気持ちを察知して対人関係を作ることなどを意味します。Uくんの場合は、言語性コミュニケーション問題が目立っているので、対人相互作用の方は気付かれにくかったのかも知れません。下級生のズボンをずらすというような事件があって初めて気付かれたりします。遊びの場ではリーダー的存在とポジティブに評価されていますが、そこにも対人相互作用の問題が潜んでいるかも知れません。周りの子がUくんの行動に合わせてくれているだけかも知れないからです。対人関係の評価は、周りにどういう子がいるかという情報が大切です。

注1　喃語　乳児が発する「意味を持たない」声。この喃語の前に母音のみを使用する「クーイング」が始まる。「あっあっ」「えっえっ」「あうー」「おおー」等がそれである。その後、多音節からなる「ばぶばぶ」「あぶぶぶ」「あむあむ」「んまんま」等の声を発する。これが喃語である。この喃語は乳児にとっては「意味」があり、何かを訴える手段である。この時期に適切に乳児の相手をして、その感情に添うことで乳児は「言葉」を獲得してゆく。言葉がコミュニケーションツールであることを学んでいく。

注2　「逃走中」　テレビ番組から始まった現代風「鬼ごっこ」。「逃走者」に対して鬼は「ハンター」と呼ばれる。逃走者は逃げる途中で、ハンターからのミッションをクリアーしなければならない。

ミッションは「なぞなぞ」「早口言葉」「縄跳び」など。また復活ゲームとして「じゃんけん」がある。このゲーム、だんだん華美になり、携帯電話を用い、ＬＩＮＥでミッションを送ったりとその遊び方は多彩・複雑になっている。

症例⑦　Ｒ・Ｒ　十歳（小学校五年生）男子　自閉スペクトラム症

療育センターの「発達検査」

Ｒくんが受診したのは小学五年生の八月でした。

Ｒくんは六か月健診くらいから発達の遅れを指摘されて、経過観察ということになっていたようです。お母さんの話では、一歳半でも言葉らしい言葉を話していなかったようです。

四歳から通った幼稚園に勧められて、五歳の時に「ことばの教室」に一年間通いました。また、就学前相談に掛かるかどうかを判断するために療育センターで「発達検査」を受けました。検査の結果は「それほど低くない」ということで就学相談はしないことになったようです。その代わりに個別計画を立ててもらって、小学校に対応してもらうことになりました。

小児科受診・服薬

小学一年生の時からお母さんはスクールカウンセラーに相談していましたが、学校でも落ち着かず離席もあったので、三学期には大学病院の小児科を受診しました。その病院で広汎性発達障害と診断され、「効かないかも知れないけど」と言われて、ADHD治療薬（ストラテラ）が処方されました。薬は半年続けましたが、落ち着きのなさは全く改善しなかったので、服薬も通院も止めてしまったとのことです。

子ども発達相談センターの「発達検査」と……

小学三年生の二学期には、親のお金を盗ってゲームセンターで遊びまくっていたことが発覚しました。それで三学期に入ってすぐに子ども発達相談センターで「発達検査」をしました。

Rくんはその後も変わらず落ち着きがありません。授業中に大きな音をたてたり廊下に出たり、友だちにちょっかいを出したりしていました。それで学校の勧めもあって、他の発達障害を売りにしている病院を受診しました。そこでも「発達検査」が行われました。しかし検査結果と「通り一遍の説明」を受けただけで、何の進展もありませんでした。お母さんは変わらないRくんを見て、大人になって社会適応が出来るかどうか心配でたまりませんでした。

「手加減」が出来ない

実は先生が勘違いで別の病院を勧めていたことがわかったため、改めて小学五年生の八月に当院を受診されました。

先生によると、Rくんは学年が上がるにつれて落ち着きがなくなって来たとのことです。小学四年生の時は高い所が好きで、すぐにロッカーの上に上っていたようですが、小学五年生になってからは、それだけはましになったようです。

友だちと遊びたいので学校に遅刻してくることはありません。授業中は座っていることが出来ず、友だちにちょっかいを出します。注意をされると教室から出て行ってしまうので、その後は他の先生が個別対応をすることになりましたが、休み時間には遊ぶために戻って来ます。

体育と図工は好きなので皆と一緒に出来ます。友だちにちょっかいを出すのでトラブルはありますが、今のところ仲間外れにされることはありません。ただ、物を持ったら振り回し、外に出たら棒を持って来て、それを振り回すので危険です。Rくんは「手加減」というものが出来ません。

ユーチューバーになりたい

学習面では書くのが嫌いで、特に漢字が苦手です。絵を描くことも嫌いです。計算は速く、筆算も出来ます。工作は好きですが、武器ばかり作っています。

初診時は落ち着きがなく、勝手に電子カルテのマウスを触ったり、立ち歩いて棚のおもちゃを触ったりしています。ただ質問には動き回りながらもちゃんと答えてくれました。

夏休みのこともあってか、ユーチューブを毎日三時間以上は見ていると言い、将来はユーチューバーになりたいとのことでした。何でもパソコンの文字を入れる裏技があるそうです。

お母さんによるとＲくんは、家でも指示が入りにくく、カッとなると「宇宙に飛んで行く」ような感じになると言います。

遠い風景から日常へのコメント⑦

「教科書的」な対応マニュアル

Ｒくんは就学前から専門機関に通い、小学一年生ではきちんと診断もされています。お母さんもＲくんの障害を受け入れて真摯《しんし》に対応されて来られました。それにもかかわらず、Ｒくんの問題行動は学年が上がるにつれて酷くなるばかりでした。

これは「発達検査」（主にウェクスラー式知能検査が多い）の「判で押したような結果説明」と「通り一遍の対応のアドバイス」によるものと考えられます。そこにはＲくんは不在で、知能検査のプロフィールと「教科書的」な対応マニュアルがあるだけです。「教科書的」というのは実際の臨床とはかけ離れているという意味です。

「発達検査」はスタート

「発達検査」はゴールでなくて、むしろスタート地点にあります。それを参考にどのようにフォローしていくかが問題です。Rくんは就学前には一定期間フォローされていましたが、小学校に入ってからは継続的なフォローはされていませんでした。小学一年生の時に通った小児科も、診断後はストラテラに反応するかどうかだけの関わりでした。その結果、通院も途絶えてしまいました。

発達障害ビジネス

最近では、「『発達検査』します」ということだけが売りのような、発達障害ビジネスと言っても過言ではないようなクリニックもあるようです。

検査後も継続して診てくれて、困った時には適宜相談出来るかどうかが病院選びのポイントかと思います。

また、知能検査を臨床に生かすには、検査時の精神状態を考慮して解釈しなければなりません。RくんのＷＩＳＣ－Ⅳは前医で施行されたものなので、その時の精神状態はわかりませんが、因みに検査結果は全検査ＩＱ75、言語理解85、知覚推理……90、ワーキングメモリー75、処理速度55でした（90パーセント信頼区間で数値を変更）。

症例⑧　S・I　十歳（小学校五年生）　男子　自閉スペクトラム症

特別支援教室

Sくんの歩き始めは十一か月頃で、歩き出すと落ち着きがなく目が離せないほどでした。一方、言葉を話すのは遅くて、三歳になっても「ママ」「パパ」などの単語しか話せませんでした。三歳から保育園に通うようになりましたが、周りのことに注意が払えず落ち着きがありません。おもちゃを見ると一目散に走って行きます。そのような行動面の問題をたびたび園長先生から指摘されて、五歳の時に県の小児医療保健センターを受診しました。そこでSくんは高機能自閉症（注1）の診断を受けましたが、病院は診断のみの関わりだけで、その後は通院することはありませんでした。そして就学前に特別支援教室に通い、小学校は一年生から特別支援学級に入級しました。

「言い訳」と嘘

支援学級ではわりと落ち着いて課題に取り組めるのですが、新しい学年になって交流学級のクラス替え毎にトラブルが起こります。自分の気持ちを上手く伝えることが出来ないので、すぐに手が出て、つねったり叩いたりしてしまいます。注意されてもその時は泣いて反省しているように見えるのですが、すぐに忘れて何回も同じことをします。家でも、言うことを聞かず、カーテンを引きちぎったり、時計を投げたりします。

ある時は小さい子に石を投げるので注意をすると、「後ろに鳥がいたから」と「言い訳」をすることがありました。また、ある子を突き飛ばしたために、その子がその子のお父さんにぶつかりました。それで、そのお父さんがSくんに注意をしようと思って、Sくんに名前を尋ねたところ、嘘をついて他の子の名前を言うということもありました。

漢字は好き、算数は嫌い

両親は、学習面はともかく、対人関係の問題が改善しないので将来どうなるのだろうかと心配でした。そして特別支援コーディネーターの先生に相談して受診を勧められ、Sくんは小学五年生の八月に両親とともに当院を受診しました。

初診の時から、「こんにちは」と挨拶をしながら診察室に入って来ました。質問に対する返答は短いですが、落ち着いて答えることが出来ます。好きな勉強は漢字で、嫌いな勉強は算数です。夏休みは「家でゆっくりしてる」と答えましたが、実際は学童保育（注2）に毎日通っているようでした。

先生の話によると、特別支援学級は二名で、Sくんと、もう一人は小学一年生の落ち着きのない男の子です。Sくんは先生に自分を良く見せたいようで、先生がいると落ち着いて勉強しています。初めてのことに対しては不安になることもあり、先生がいなくなると不安になって落ち着かなくなります。また、先生がいない時には、一年生の子に手が出てしまうことがあります。

「やらかして」しまう

小学一年生から四年生までは、国語と算数以外は交流学級で過ごしていました。日常的な言葉が理解出来ないことがよくあって、国語は意味の理解は難しいのですが、音読《おんどく》や漢字を覚えるのは得意です。算数では計算は出来るのですが、小数などの概念を必要とする計算は苦手です。式を立てて答を求めることは出来ません。

小学五年生は、音楽、体育、英語が交流学級ですが、給食は交流学級で過ごすのは難しいようです。交流学級に行くと何か「やらかして」しまうことを自覚していて、交流学級に行くのが難しくなってきました。SST（注3）で「だめ」と言われたことを逆にやってしまったり、障害で瞼《まぶた》が下がっている子に「ばけもの」と言ってしまったりと、「やらかして」しまいます。

抗不安薬・ADHD治療薬、通院

十月に受診した時は、校外学習が不安で家の中でウロウロしているとのことでしたので、抗不安薬を開始しました。薬を飲み始めてから、以前よりぐっすり眠れるようになりました。

しかしその後、支援学級で一年生の男の子がさらに落ち着かなくなったことに影響されてか、教室に置いてあった先生の携帯をいじってしまいました。

また、家で用もないのに１１９番に電話したり、学校で１１０番に電話したりしました。それで三学期からＡＤＨＤ治療薬も開始しました。抗不安薬とＡＤＨＤ治療薬を服薬しながら、小学六年生は落ち着いて過ごすことが出来、中学からは近くの病院に通院することになりました。

遠い風景から日常へのコメント⑧

診断はスタート

Sくんは就学前から支援に繋がり、病院も受診して診断も付いています。しかし、通院は診断のみで、そこで継続しての通院の必要はなしとされ、あとは学校の特別支援学級のみのサポートになっています。こういう形で医療から離れてしまうケースがしばしば見られます。診断はゴールではなくて、スタートだということを肝に銘じて欲しいものです。

病院の在り方

自閉スペクトラム症は年齢や環境などの影響によって様々な問題が生じうる可能性があるのですから、医療面でもフォローアップしておくことが大事です。実は、小学校でひとまず落ち着いたSくんは、中学入学後しばらくして不安が強まり気分も不安定となり、家で大暴れしたと聞いています。

仮定の話をしても仕方がないのですが、それでも就学前に受診した病院が継続してフォローアップしてくれていたらと考えてしまいます。

因みに、Ｓくんの小学五年生の時のＷＩＳＣ－Ⅲの検査結果は、言語性ＩＱ80、動作性ＩＱ80、全検査ＩＱ80で、群指数は言語理解80、知覚統合75、注意記憶90、処理速度１１０でした（90パーセント信頼区間で数値を変更）。

自閉スペクトラム症の「嘘つき」

また、自閉スペクトラム症では「嘘つき」はよくある問題の一つです。よく嘘をつくので、このまま大きくなったらどうなるのだろうかと心配するのは当然だと思います。しかし、悪意をもって人を騙そうというような感じはあまりしないのではないでしょうか。

自閉スペクトラム症での「嘘つき」は、その場しのぎの言い逃れのこともありますが、「記憶」の問題であったり、「物事の見方」などの問題であったりと、なかなか奥深い問題を含んでいます。

Sくんが、小さな子に石を投げた時に注意されて、「後ろに鳥がいたから」というのは「嘘」の可能性があります。そこで大人としては、まず嘘をつかないことが大事だと思うので、「後ろに鳥がいた」という「嘘」を糾弾したくなります。しかし、自閉スペクトラム症を持つSくんの指導として大切なのは、人のいる方に石を投げる危険行為をまず禁止することです。鳥がいようといまいと関係ありません。

ついでに、鳥に石を投げ付けることは動物虐待でいけないことだと申し添えておくのもよいでしょう。

このように「嘘つき」問題をひとまず括弧にいれておくことが、「嘘つき」をなくす一つのやり方です。もちろん時と場合によっては、その場でとことん問い詰めることが功を奏することもあります。

注1　高機能自閉症　知的発達に遅れのない自閉症。五年生症例①参照。

注2　学童保育　学童保育に携わる、いわゆる「学童の先生」の正式名称は「放課後児童支援員」という。厚生労働省が管轄。その仕事は、文字通り放課後の学童（児童）を支援すること。とも

に学びともに遊ぶ。放課後以外に学校の長期休みにも対応する。学童保育は大きく分けて「自治体運営」と「民間運営」がある。自治体の場合、保育料は民間に比し格段に安いが、預かり時間に制限がある。民間では、時間延長もあり、その時間に食事をしたり、入浴をしたりと生活面の支援が受けられる。また宿泊可能なところもある。

注3　ＳＳＴ　Social Skills Training（ソーシャルスキルトレーニング）の頭文字から採った名称。社会生活技能訓練と訳される。ＳＳＴのトレーナーは心理の専門家で、ＳＳＴ普及協会が認定する。医師や心理士を含む。

症例⑨　Ｚ・Ｘ　十一歳（小学校五年生）男子　自閉スペクトラム症

両親が離婚

Ｚくんは幼稚園の年長の時に両親が離婚し、他県から引っ越して来ました。一歳半の時に、言葉の数が少ないと言われ発達相談を受けていました。二歳の時にその県の病院で広汎性発達障害と診断されています。

幼稚園ではじっとしていられないため加配の先生を付けてもらっていたようです。こちらに引っ越して来てからは保育園に通いましたが、園に馴染めず、卒園する少し前までお母さんが付きっきりでした。

通級指導教室

小学一年生は普通学級に通うことになりました。学校には何とか馴染んで通いましたが、先生の話が理解しにくかったり、気持ちの切り替えが難しかったりと少ししんどそうにしています。いくつかのことを同時に言われると何が何だかわからなくなり、また間違いを指摘されると何もやりたくなくなってしまいます。

音読が苦手で、逐次《ちくじ》読みをして語尾は適当に読んでしまいます。課題でわからなくなると、すぐに拗《す》ねて途中で止めてしまいます。以前に広汎性発達障害と診断されていたこともあり、小学一年生の七月からは通級指導教室に通うことになりました。

愛犬のためなら

小学三年生になると、次第に学校に行きたがらなくなりました。学校は行ったり行かなかったりで、特に週初めは苦手です。Zくんは頭が痛い、お腹が痛いと言うので、小児科にも通って痛み止めや整腸剤をもらっていました。

Zくんはお母さんと動物が大好きです。働くお母さんの身体を心配する優しい子で、家でも学校でも暴れることはありません。小学四年生の時に動物保護センターでチワワを引き取って可愛がっています。朝は犬の散歩をするために早く起きるので、学校に行けない時でも朝はちゃんと起きています。

このように小学三年生頃から変わらぬ様子で過ごしていたのですが、学校に行けない時がだんだん多くなってきました。それでスクールカウンセラーはお母さんにZくんの病院受診を勧めました。小学五年生の一月にZくんはお母さんに連れられて当院を受診しました。

抗不安薬で体調回復

初診の時は、言葉数が少ないながらも返答はしてくれました。仲の良い子は「全員」と言い、楽しいのは休み時間でサッカーをしたり本を読んだりしていることと言います。好きな勉強は漢字で、嫌いな勉強は「あんまりない」とのことです。

友だちや勉強のことを聞いていると少し表情が暗かったのですが、話が犬のこととなると表情が明るくなりました。将来なりたいのはトリマーです。朝、愛犬のチワワに起こされて、散歩をするのはとてもうれしいようです。

犬の話をした後は気分が上がって、体調の質問にも素直に答えてくれました。「頭痛は？」「月曜日ぐらい」、「腹痛は？」「お腹も痛い時ある。下痢」、ということです。

二月からは抗不安薬を開始し頭痛や腹痛がなくなりました。学校は毎日ではないのですが、九時半過ぎに登校して給食を食べて帰るようになりました。

毎日登校出来る

六年生になって、四月の診察の時の表情は和《やわ》らいでいて、学校に行ったのは「一回だけ。むさ苦しい。たくさんいるから暑い」と話してくれました。それでも四月の後半からは、朝は遅刻ですが、週に二回ぐらいは行くことが出来るようになりました。

プールが始まると、プールが好きなので週に三回行くことが出来ました。二学期の初めは週に二、三回の登校でしたが、十二月頃には毎日登校出来るようになりました。

「俺、あほやから」

中学校は特別支援学級に進むことになりました。中学になってもほぼ毎日登校出来ています。部活はテニス部に入り、交流学級にも友だちがいます。しかし、学習にはコンプレックスを持っていて「俺、あほやから」と言うことがよくあります。

また、好きなテニス部の予定は覚えているのですが、例えば「今日は二時から～します」というような朝の先生の話は完全に抜け落ちているということがよくあるようでした。それで八月からは抗不安薬に加えて、ＡＤＨＤ治療薬も併せて服薬してもらうことにしました。

抗不安薬から抗うつ薬へ

二学期からも登校は順調です。勉強にも意欲的になり、交流学級に参加する科目も増えました。しかし、十二月の診察の時には、お母さんが「ここ最近、夜になると気分が落ちる」と話されました。また、「小四から、寒くなると行きにくかった」ということにも気付かれました。そこで抗不安薬から抗うつ薬に変更して様子をみることになりました。

三学期からは、再び元気を取り戻して学校生活を送っています。

遠い風景から日常へのコメント⑨

「友だち」って何?

Ｚくんの小学五年生の時のＷＩＳＣ－Ⅳの検査結果は、全検査ＩＱ80、言語理解85、知覚推理90、ワーキングメモリー65、処理速度１００でした（90パーセント信頼区間で数値を変更）。

小学五年生の時は、文章理解は難しかったのですが、計算と漢字は比較的出来ていたようです。初診時に好きな勉強は「漢字」とＺくん自身が述べていたのは、この能力を反映してのことと思いますが、嫌いな勉強は「あんまりない」というのは、ほとんどすべてが嫌いということかも知れません。初診の時は、仲の良い子の数をよく聞くのですが、目的の一つは「仲の良い」という明確な基準のない概念にどう反応するかをみることです。「友だちはいる?」というのもその類の質問です。自閉スペクトラム症では、「友だち」の数は、クラスの人数であったり、顔を知っている人の数であったりします。「友だち」とはどういうものかが理解されていないのです。Zくんの「全員」というのは、その場しのぎの答かも知れません。自閉スペクトラム症の診察では、言葉は悪いのですが、会話に罠を仕掛けながら反応を見ることが肝です。

薬物療法のむずかしさ

Zくんの例では、薬物療法についても考えさせられるところがあります。中学の時点では、抗うつ薬（レクサプロ／注1）とADHD治療薬（インチュニブ）で落ち着いています。これが正解とすると、初診時にこの処方をしていたらもっとZくんの力を引き出せたのではないかとも考えてしまいます。一方で、例えば脳の発達の問題などから、最初からこの処方にしても効果が期待出来るものではないのかも知れないとも考えます。

今のところ対症療法的に戦力の逐次《ちくじ》投入をしています。子どものうつの薬物療法は、第四巻でもう少し詳しく見てみたいと思います。

注1　レクサプロ　レクサプロ（一般名、エスシタロプラムシュウ酸塩）は、デンマークのルンドベック社が開発、二〇〇一年スウェーデンで承認された。ＳＳＲＩ（選択的セロトニン再取り込み阻害薬）の一つ。日本では二〇一一年に製造承認。レクサプロは他のＳＳＲＩに比べ、セロトニン以外の神経伝達系への影響が少ないと考えられている。

コラム

「草木国土悉皆成仏」という言葉

安然さん

草木国土《そうもくこくど》悉皆《しっかい》成仏《じょうぶつ》……あまりなじみのない言葉ですね。でも今流行の思想を表わす言葉なのです。

現代起きている困難な情況――温暖化現象とか、コロナウイルスの問題とかを考える時、この言葉は現代に甦ります。この言葉の最初の流行は、中世です。初めに言葉にしたのは、平安時代の天台宗の学僧「安然《あんねん》」です。ただ、安然の時代は仏教の思想としてひそかに伝わっているだけでした。

世阿弥・禅竹

それがなぜか中世の芸能・能では欠かせぬ常套句となります。民衆の間で花開きます。理由は能の大成者・世阿弥《ぜあみ》とその娘聟《むすめむこ》の金春禅竹《こんぱるぜんちく》がこの思想に傾倒したからだとも言われていますが、本当のところはよくわかりません。この言葉の意味は「草も木も山も川も石も土も塵《ちり》も風も光も、日常の道具・器物さえも、皆成仏する。そして人間も」というようなところで

「付喪神《つくもがみ》絵巻」上巻段三　崇福寺蔵

捨てられた器物たち。机上《きじょう》に展《ひろ》げられている古文書《こもんじょ》を囲んでいる。古文書は「古文先生」と呼ばれている。器物たちは、先生から「変化《へんげ》の術」を学んで妖怪になろうとしている。人間に復讐するために。

す。

簡単に言うと、「人間なんてそんなに偉いものではないよ。植物・鉱物、自然現象、日々使わせていただいている道具、それらがなくては人間は、生きていけないでしょう。だから人間はそれらに感謝しなくては」というぐらいのことです。と、簡単に言いましたが、これがそんなに簡単ではないのです。

お茶碗も痛い

人間は長く奢《おご》りの時代を生きて来ました。草花は踏みしだくし、樹木は伐採《ばっさい》するし、太陽や月に感謝する気持ちも忘れがちです。道具・器物に至っては、壊れたものはさっさと捨てるし、〝もの〟に感謝の気持ちなど抱きません。

人間はこの奢りの時代に終止符を打たねばなりません。そこでもう一度「草木国土悉皆成仏」なのです。総てのものに「こころ」があるということを学ばねばなりません。

お茶碗だって欠けたら痛い。割れたら死ぬのです。そんな風に思えばすべてのものと共存出来ますよね。ウイルスとだって。でもわざわざ「草木国土悉皆成仏」などと言うむずかしい言葉を使わなくても、と考えますが……いえ「言葉」もまた生きているのです。

昔むかし、安然さんが書き記《しる》したこの言葉は比叡山で育ち、室町時代、世阿弥・禅竹の芸能、能楽の中で熟成されて、今に甦るのです。

言葉は重い

時間を吸って生きてきた言葉は重い、この言葉は呪語《じゅご》です。この言葉を称《とな》えれば、遠い時が、つまり「過去」が私たちに智恵を授けてくれるのです。ともに生きるという「やさしさ」を人間は知ることが出来るのです。

安然さんはこの思想の発明者ですが、「安然」という名も、その思想も世に広く知られることはありませんでした。それでいいのです。それがいいのです。世阿弥もまた誰もその存在を知りませんでした。世阿弥研究が本格化したのは明治時代も末になってからのことです。禅竹に至っては、現在でもその名を知る人はほとんどいません。

「こころ」がある

今「草木国土悉皆成仏」という言葉は、一人立ちして我々に語り掛けて来ます。言葉そのものが動き出したのです。「我を見よ」と彼は言っています。この言葉の意味をもう一度人間は原初のかたちで考えなければいけません。そのために、安然さんの書いたものを読み、能を観てみましょう。

いえ、そんなむずかしいことをしなくてもこの言葉を凝視するだけで我々は、「人間は生かされている」という、当たり前と言えばそれまでですが、それだけでただそれだけで、純粋にこの言葉の世界に入ることが出来ます。なぜならば「こころ」がそこにあるから。「草木国土悉皆成仏」。

小学校六年生

症例① L・N　十一歳（小学校六年生）男子　自閉スペクトラム症

成績悪化と受診

Lくんは乳幼児健診では問題なく、一歳半から通った保育園でも問題を指摘されることはありませんでした。ただ小学二年生の時に、巡回指導の先生がLくんのことが気になると言ったことがあったようです。

小学六年生になってLくんのために特別に先生を付けてもらっていたようですが、Lくん自身は「鬱陶《うっとう》しい」と嫌がっていたようです。一学期の成績がかなり悪かったために病院の受診を勧められたと言い、両親とともに八月の終わりに当院を受診されました。

「むかつく人がいる」

初診の時のLくんは、表情に変化がなく、質問に対しても答は短く、ぶっきらぼうな感じですが拒否的ではありません。「学校生活で嫌なことがある」と言うので尋ねてみると、最初は「色々やから」としか答えませんでしたが、少し促《うなが》すと「うーん、むかつく人がいる」と答えてくれました。それ以上の状況説明はしようとはせず、他の質問に対しても同じような答でした。Lくん自身の困りごとは「ない」と言います。

両親も困りごとを訴えることはなく、学校から言われたので受診したと言います。こういった場合、先生に対する不満を滔々《とうとう》と述べられることが結構あるのですが、そういったこともありませんでした。ただ、次に診察に来られたのは十一月半ばを過ぎた頃でした。

色々な「問題行動」

先生の話では、小学一年生の時から、授業中は手遊びをして落ち着きのない子だったようです。その割には勉強が出来たので、逆に指導がうまく出来なかったようです。小学四年生の時はクラス自体が学級崩壊、小学五年生の時は新任の先生で、Lくんの指導には手を焼いていたようです。友だちの家に行った時にゲームのカセットを盗《と》ったようなのですが、最後まで「拾った」と言い張ったそうです。

小学六年生になっても授業中に立ち歩くことがあります。普通にしていたかと思うと、「返せ」とか突然叫びます。前のことを急に思い出してのことのようです。奈良に修学旅行に行った時には、お気に入りのペーパーナイフで法隆寺を傷付けようとしました。面白いと思ったことは止められず、高速道路に石を投げ込んだことがあります。診察の時には話されませんでしたが、Lくんの問題行動は両親も知っているとのことでした。

体重減少・気分の起伏

二回目の診察の十一月からADHD治療薬を開始しました。三学期は周りに気が散ることも少なくなり、少し落ち着いているようでした。ただ三月頃には体重が二キロぐらい減っていました。

中学進学後も順調です。と言っても小学校がそのまま引っ越して来たような中学校で、生徒のメンバーはほとんど変わりません。入学当初はバレーボールの部活にも意欲的でした。六月頃になると、部活も仕方なしにやっているような状態にはなりましたが、学校生活は概《おおむ》ね順調でした。

夏頃からはちょっとしたことに引っ掛かり、急に機嫌が悪くなったかと思えば、またころっと変わって機嫌が良くなるような気分の起伏が目立ち始めました。因みに、Lくんの気分の起伏が大きいという話は、中学時代もずっと聞いていたのですが、両親はそれ以上の話はされませんでした。中学の時に、家では物にあたって物を壊したりして大変だったことは、Lくんが二十歳を超えてからの診察の時になって初めて話してくれました。

通信制高校

学校ではイラッとしても暴力を振るうことはありませんでしたが、授業中に寝ることがよくありましたので、成績はあまりよくありません。定期的に通院はしていて、服薬もほとんど忘れることなく出来ていました。そして高校進学に当たり、改めて病名を尋ねられました。高校は通信制高校に進学し、中学の時に比べて気分の波はましになったようです。

遠い風景から日常へのコメント①

地域の事情

Lくんの住む地域は閉鎖的で、ちょっとしたことで噂になるような所でした。同じ地域に住んでいる別の患者さんは、精神科の病院へ通院していることは、近所の人に絶対知られたくないと言っていました。こういう地域の先生が、親に通院を勧めるというのは、かなりの勇気と努力が必要です。

Ｌくんも本来なら小学一年生の時に通院しても良かったぐらいですが、このような地域の事情で初診が遅れたのだと思います。中学進学までには何とかしたいとの先生の思いが強く感じられます。

服薬の別の効果

両親も困りごとを伝えるのが苦手なようでした。最初は通院が続くかどうか懸念《けねん》されましたが、服薬への受け入れも抵抗なく、長期にわたって定期的に通院されました。

ＡＤＨＤ治療薬服薬時の体重減少は、ストラテラやコンサータの副作用の食欲低下や吐き気を考えることも必要ですが、逆に服薬後に生活習慣が整ったり、間食が減ったりするなど、服薬の効果の場合もあります。

他の薬物療法に関しては、Ｌくんの気分変動から考えて、気分安定薬も候補になりますが、大きな問題となったエピソードもなかったために使用する機会がありませんでした。小学校の心理検査では、「（得意なことは）パンチ」とか「（時々）思いっきり人をキックすること」とかの記述があったのですが、日常での行動で確認することは出来ませんでした。

病名告知

病名告知は何時が適当かという質問をよく受けます。ケースバイケースで何時が適当という正解はないのですが、診断名を受け入れる心構えがあると思われるタイミングですることになります。Lくんの両親も、Lくんの特性を説明する時に、話の流れで自閉スペクトラム症やＡＤＨＤという言葉を使っているので発達障害の認識はありました。Lくんの両親は、「高校入試に当たりはっきりした病名を確認したい」という程度のもので、特に驚きの表情はありませんでした。

告知のタイミングは本当に様々で、一番多いのが心理検査をして、その説明の時に診断を告げる場合です。しかし心理検査をせずに初回から言うこともあれば、触法《しょくほう》行為《こうい》の審判で病名を知ることもあれば、年金診断書の診断名で知ることもあります。

症例②　T・I　十一歳（小学校六年生）　男子　自閉スペクトラム症

普通の子と違う

Tくんが最初に受診したのは、小学六年生の八月の半ばです。小学五年生の終わり頃から視力が落ちて来たので眼科を受診しましたが、眼科的には異常はなく、眼科の先生からは心因《しんいん》と言われました。学校の先生は全く問題を感じていなかったのですが、お母さんはTくんが小さい頃から普通の子とは違うと感じていました。そのこともあって、ちょうどいい機会と考えて、「視力について相談する」と、Tくんを説得して受診したと言います。

滑り台を歩く

Tくんは話し始めに遅れはなかったのですが、言葉数がなかなか増えませんでした。しかし三歳からは一気に喋るようになったと言います。幼稚園の時はチックと吃音《きつおん》があって、話したいのに言葉がなかなか出ませんでした。けがをしても泣かない子で、滑り台に上って滑らずにそのまま歩こうとしたのが、お母さんにとっては印象的だったようです。また、しょっちゅう頭痛を訴えていましたが、検査では異常はありませんでした。

アスペルガー障害？

小学四年生までは目立った問題はなかったようですが、小学四年生の終わり頃から、以前（数か月から半年前）の嫌なことを思い出して、イライラしてベッドで暴れるようになりました。

小学五年生になって視力が低下した時、眼科の先生からストレスが原因と言われたものの、お母さんには見当が付きませんでした。あと、テレビでアスペルガー障害を取り上げた番組を見た時に、二十歳過ぎの盗聴疑惑の青年が、Tくんにどこか似ているところがあるのが気になりました。

初診のTくんは、言葉数は多くはありませんが、拒否的な態度もなく、お母さんとの仲も良さそうです。視力に関しては困っている様子はなく、黒板を写す時にも問題はなく、友だちとドッジボールをして遊ぶ時も問題はないと言います。

料理を作るのが好きで、料理人になりたいと話してくれました。

ずれた話をする

Tくんは、目上の人に敬語を話さない人や決まり事を守らない人を見ると、表には出さないもののいらつきを強く感じてしまいます。また集中すると次の行動への切り替えが難しいようです。ずれた話をしてしまうことは、自分でも少し気付いているようです。先生も両親もTくんの特性を理解して接するようになったので、十月に受診した時には、Tくんは「みんなが変わった」ので楽になったと言っていました。その頃には視力の低下も回復していました。そして落ち着いていたこともあってか、しばらく通院が途切れていました。

嫌な友だちがいる

お母さんの話では、三学期に入ってから「宿題が出来ない」、「頭が痛い」と言うようになったのを心配して、三月初めに受診されました。Tくん自身も、二週間ぐらい前から集中力が落ちて困っていると言います。「頭痛は午後六時ぐらいから一時間ぐらい、去年の夏頃から毎日ある」と、お母さんに内緒ということで話してくれました。学校では、何かにつけてからんでくる嫌な友だちがいるようです。それで抗不安薬を服薬してもらいました。

三月末に受診した時には、頭痛はあるものの春休みのこともあり、憂鬱な気分は良くなったようです。薬を飲んだ時に、胃が痛くなって熱が出たようで、薬とは関係ないと思いながらも飲まなくなったと言います。

頭痛・眩暈、疲れ

中学一年生になって、バスケット部にも入部して、それなりに楽しんでいるようですが、一方で「自分はみんなと違う」、「自分が入ると会話が止まってしまう」という自覚もあるようでした。四月の半ば過ぎには腹痛や吐き気で登校出来ないことがありました。それでも薬を飲むことは嫌がっていたので、薬はなしで様子をみることになりました。

中学一年生の四月末に受診して、次に受診したのは中学二年生の二月末でした。頭痛や眩暈《めまい》がひどいので、小児科を受診したところ精神科を受診するよう勧められたとのことです。Tくん自身は元気がなくてほとんど話せません。お母さんによると、ちょっと動くだけでも疲れると言います。一週間前から家でも気を紛らわすことが出来ずに、ふらふらしながらリビングに行ったり、キッチンに行ったりしていると言います。学校にも行けずに家で過ごし、朝と夕方が特に辛そうです。少し服薬に抵抗を示しながらも、さすがにしんどかったのか、抗うつ薬を飲むことを承諾してくれました。

ニュージーランドに留学

三月半ばには、気分もずっと楽になって学校にも行けるようになりました。頭痛はありますが、前よりはかなりましなようです。

中学三年生になって、ひどい気分不快はないものの、学校には行ったり行けなかったりしていましたが、修学旅行には行くことが出来ました。五月末頃から薬を飲まなくなって、六月から不登校が続きました。

六月の半ばに受診した時には、日本の中では浮いているので、ニュージーランドに一か月ホームステイしたいという希望がありました。服薬を継続すれば可能だろうということで、ニュージーランドに留学することになりました。

その夏にはニュージーランドに出発し、向こうの生活が合っていたようで、高校も向こうで行きたいと言って日本に帰って来ませんでした。服薬はニュージーランドに出発してからも、半年ほど続けてもらいました。

遠い風景から日常へのコメント②

無理をしている

Tくんの小学六年生の時のWISC－Ⅲの検査結果は、言語性IQ130、動作性IQ120、全検査IQ125でした（90パーセント信頼区間で数値を変更）。知能は高いのですが、学校の成績は中程度で、英語が特に出来る訳でもありません。

Tくんは、ずっと「自分はみんなと違う」と違和感を持ち続けていましたが、学校では明るく振る舞い、みんなと表面的には上手く付き合えます。自閉スペクトラム症では珍しくはありませんが、周りからは無理をしているとはなかなか気付かれません。不安やうつ状態というのは、その「無理」の一つの目印です。そして不安やうつ状態の目印が、頭痛であったり腹痛であったりします。

日本と合わない

Tくんは、日本の文化の中で他の人が自然と振る舞えるように、無意識に振る舞うことが難しいのです。ニュージーランドでは、英語を習得する中で、意識的に一から振る舞いを身に付ければいいので、Tくんにとっては、日本の伝統文化を前提とする日本での対人関係よりニュージーランドの方が楽なのかも知れません。
Tくんは性格的にも明るく、もともと知能が高いことも功を奏したと考えられますが、日本に合わなければ海外に出て行くのも一つの選択肢だと思います。

症例③ U・J 十一歳（小学校六年生） 男子 自閉スペクトラム症

教育相談センター

Uくんがお母さんと受診したのは、小学六年生の三学期が始まってすぐのことでした。学校は全く発達障害を疑っていませんでしたが、お母さんは保育園の時からずっと気になっていました。そして小学六年生の夏休みに教育相談センターに相談して、当院を受診することになったと言います。

文字に興味を示さない

Uくんの歩き始めと話し始めに遅れはありませんでしたが、保育園年中の時の先生に「一連の動作が出来ないので、少し気になる」と言われたことがありました。それで何かの「発達検査」を受けたようですが、年齢相応のため経過観察と言われたとのことです。お母さんは、「誰とでも躊躇《ちゅうちょ》なく話す、人懐《ひとなつ》っこい子」だったと言います。しかし「空気を読まないで話をする」、「順番は待てるけれど、先の予定を言わないとしつこく聞く」ところが気になっていたとのことです。

また小学校に入学するまで、Uくんは全く文字に興味を示しませんでしたが、入学までには何とか自分の名前だけは書くことが出来るようになりました。発音についても不明瞭な言葉が多くあったので、入学前に数回「ことばの教室」に通いました。

「ことばの教室」通所終了

小学一年生の夏休み前の懇談で、先生から「字や数字が極端に覚えられない」との指摘を受けました。それでお母さんは夏休みに、文字カードなどを使って自宅で練習しました。お母さんによると、その時は鏡文字や汚い文字が多かったと言います。その後も大きな変化はなく、保育園でのことが気になったので、お母さんから働き掛けて、小学二年生からは定期的に「ことばの教室」に通うことになりました。しかし、小学三年生からは必要がないと言われ、通所が終了になりました。

その後も「字が汚い」、「忘れ物が多い」、「漢字が全く覚えられない」、「集中出来ない」、「宿題をしない」、「物をすぐになくす」などの状態が続いて、先に述べた経緯で通院することになったのです。

歴史は百点、漢字は零点

先生に学校の様子を伺うと、普通にコミュニケーションが出来るので、特に問題を感じていないとのことです。しかし、面白いと思うことがあるとテンションが高くなり、周りが引くほどだと言います。歴史が好きで、テストでも百点を取る一方で、漢字は零点を取ったりします。また、忘れ物は相変わらず多いようです。

初診の時のUくんは、質問に対する答は短いのですが、しっかり答えてくれます。学校は楽しく行けているようですが、とにかく国語が嫌いなようです。特に漢字を覚えるのがやはり嫌と言います。授業中は「集中出来ないけど、一応聞いている」とのことです。

また、絵を描くのが楽しいので、将来なりたいのは漫画家です。

Uくんも病名とその説明を聞いていたのですが、特に否定的に捉えることはありませんでした。ただ、薬は飲みたくないとのことでした。

中学校には小学校から発達障害の申し送りがあり、中学生活はまずまずの滑り出しでした。

「勉強が楽になった」

しかし、五月には上級生に呼び付けられて、ケリを入れられるという事件が起こりました。それで恐くて学校に行けなくなって、Uくん自身も薬が飲みたいというので、抗不安薬の頓服（ワイパックス）で乗り切ってもらうことにしました。それで上級生に対する恐怖は何とか乗り超えましたが、今度は中間テストが問題です。中学に入って、ずっと勉強を難しく感じていたからです。

案の定、中間テストの出来は散々でした。そこでADHD治療薬（コンサータ）を始めることになりました。服薬して、Uくん自身は「勉強が楽になった」、「先生に言われたことにすぐ返せるようになった」と言います。お母さんからは、「言われる前に勉強をするようになった」、「付箋《ふせん》を貼ったり、計画を立てたりしている」という話でした。

中学では個別の支援計画を立ててもらい、ＡＤＨＤ治療薬も続けながら、その後は卒業まで大きな問題もなく中学生活を送りました。

遠い風景から日常へのコメント③

お母さんの努力

Ｕくんの場合はお母さんが頑張って、支援まで繋げたケースです。

保育園の先生が問題に気付いてくれたのに、就学前の発達相談は中途半端に終わっています。就学前の「ことばの教室」は、お母さんが頼んで数回通級することが出来ましたが、小学校へ問題点が申し送りされた訳ではありません。

小学二年生の時に通った「ことばの教室」も、お母さんが何とか頼み込んでの通級でしたが、一年で切られてしまいました。小学六年生の時に相談に行った教育相談センターで、やっと支援に繋がることになります。

対人的な距離の問題

Uくんの小学六年生の時のＷＩＳＣ－Ⅲの結果は、言語性ＩＱ95、動作性ＩＱ85、全検査ＩＱ90、群指数は言語理解95、知覚統合85、注意記憶90、処理速度90でした（90パーセント信頼区間で数値を変更）。ひらがなの形のまとまりがなく、漢字が覚えられないなどの目に見えた問題があるものの、好きなことに対しては良く出来て、小学校の学習全体としては大きな遅れはありません。就学前から「人懐っこい子」で、対人的な距離が近過ぎるのが問題とも言えるのですが、小学校では友だちとも楽しく過ごしているように見えると思います。

服薬量の調節と加薬

Uくんのようなタイプでは先生も困ることなく、お母さんが学習や発達の相談に行っても、「お母さんの気にし過ぎ」と軽く受け流されてしまうこともよくあります。

ＡＤＨＤ治療薬は、まずは学校での学習がしっかり出来るようにという本人の希望もあり、コンサータを開始しています。中学一年生の二学期には、服薬量の調節で、学校での授業は安定して集中出来るようになりました。学校で集中出来るようになると、学校での授業と比較して、家庭学習や塾での集中の出来なさを自覚するようになりました。家庭学習のことで、三学期にはお母さんと喧嘩をすることも増えてきました。そこで中学一年生の終わりには、ストラテラを加薬しています。

中学二年生からは、家でも学校でも概《おおむ》ね安定した生活を送っています。

症例④ N・T 十二歳（小学校六年生） 女子 うつ病

「死にたい」

Nさんが病院を受診したのは小学六年生の二月の中頃のことでした。夜眠れず、学校にも行けません。人に会うのも恐いので、自分からお母さんにお願いして病院に連れて来てもらったということでした。

Nさんの歩き始めも話し始めも遅れはなく、気に掛かる発達の問題もありませんでした。幼稚園の時は、普通に友だちと遊んでいました。少し恐がりだったものの、外遊びも好きでした。

小学校では友だちも出来て楽しくしていましたが、家ではお母さんに怒られるとすぐに落ち込みます。小学三年生になって、理由はわかりませんが、「男子が嫌《いや》」と言って学校に行きたがらないことがありました。

しかし、三年生の夏に両親が離婚したために転校することになって、その問題は解決しました。転校後はすぐに友だちも出来て、勉強も問題はありませんでした。ノートを取るのが上手くてほめられたこともあります。何でもきっちりやる性格で、生活面でもしっかりしているので、お母さんとしては特に心配することはなかったと言います。

お母さんによれば、小学六年生の十二月末頃から、朝が起きづらそうだったものの、悩んでいるようには見えなかったと言います。ところが、一月の半ば過ぎから学校に行けなくなって、「死にたい」と口にするようになりました。

「眠れない」

初診時からNさんは、お母さんの助けなしで、自分の状態を説明することが出来ました。眠れないのは二週間ぐらい前からで、十一時に布団に入っても、寝付くのは二時とか三時になると言います。人に会うのが恐くなったのは三か月ぐらい前からです。家の人は大丈夫だけど、友だちとかが嫌だそうです。

一月中頃に、スーパーマーケットで友だちを偶然見掛けた時は、顔が真っ青に変わるほどでした。頭痛や腹痛が増えてきたのが三週間前ぐらいからで、吐き気でムカムカするのは二週間前ぐらいからです。勉強は、「何か嫌い」、「出来ないから」と言います。絵を描いたり、本を読んだりするのは楽しいようです。

友だちを傷付けたくない

先生によると、Nさんは学力は普通だけど、言葉数が少なくて、自分の気持ちをあまり表現しない子だそうです。笑っている時も、作り笑いに感じることがあると言います。

小学六年生は友だちが替わったりする頃ですが、Nさんには特に仲の良い友だちが二人いました。十二月のクリスマス会あたりから、原因はよくわかりませんが、その仲の良い友だちの一人が皆から距離をとられるようになってきました。そして冬休み明けすぐに、卒業に向けての話し合いがあった時に、その子があからさまに仲間外れにされることがありました。そのことがあってから、Nさんはその子と話す時に、「これを言ったら傷付けるのでは」と思うようになり、一月の半ば過ぎから学校を休むようになりました。

抗不安薬から抗うつ薬へ

Nさんには、初診時から抗不安薬を飲んでもらうことにしました。一週間後の診察では、「人に会うのが恐いというのはあるけど、夜は眠れるようになって、吐き気はなくなった」と言います。お母さんによると、薬を飲んでから「描く絵」が変わったとのことです。

三月に入っても、身体は楽な状態で生活は続けていましたが、まだ学校には行けませんでした。気分の落ち込みが見られることがあり、手首には浅いリストカットの痕《あと》がありました。それで、中学になっても登校出来なかったら、抗不安薬を抗うつ薬に替えてみようと、Nさん本人とお母さんと申し合わせをしました。

中学は、その小学校一校だけがそのまま持ち上がるので、小学校での人間関係もそのまま持ち上がります。

中学になって、生活は変わりませんが、やはり学校には行けません。それで予定通り抗うつ薬を開始することになりました。

治療を終了

四月にスクールカウンセラーに一回会ったのですが、「カウンセラーと会うのもしんどい」と言い、一度カウンセリングは中断しました。しかし六月にはカウンセリングを再開出来るようになり、病院の診察でも笑顔が増えてきました。

中学一年生の二学期になって、これまで全く出来なかった勉強にも意欲が出てきました。登校は出来ないものの、家では勉強するようになりました。

中学一年生の三学期には、週に一回は学校に行くようになり、中学二年生になってからは、週に一回休むぐらいで登校出来るようになりました。

中学三年生からは、ほとんど休むことなく通えて、修学旅行も楽しく行くことが出来ました。高校も志望校に合格出来ました。

高校は休むことなく、楽しく高校生活を送っていました。高校二年生になってからも落ち着いていたので、薬を徐々に減らして治療を終了しました。

遠い風景から日常へのコメント④

几帳面

大人でうつ病になる人は、もともと几帳面な人が多いことはよく知られていますが、子どもの場合も真面目な子が多いです。周りからはしっかり者と見られ、先生からも頼られることがあります。それで期待に応えるために一所懸命になって、うつ状態になってしまいます。Nさんも「きっちりやる性格で、生活面もしっかり」した子でした。

子どものうつ病は、大人のうつ病よりも「活動的」なので、気付かれにくいという特徴があります。うつ病の詳しいことは、第四巻に譲りますが、小学生でしばしばみられる特徴を少し述べておきます。

うつ病が見えてくる

小学校の低学年では、気分の落ち込みよりも不安の方が目立つことがありますが、年を追うごとに抑うつ気分が目立ってきます。Nさんの場合も、中学生になってからうつ状態が「わかりやすく」なっています。最初は不安が目立つことと、抗うつ薬は低年齢では慎重に使用するように求められていることもあり、Nさんのように、まずは抗不安薬で反応をみるのも一つの手です。抗不安薬を服薬することで、後ろに潜んでいた抑うつ気分が前景に出て、うつ病がわかり易くなったりします。いずれ抗うつ薬も使うことになりますし、抗不安薬（ベンゾジアゼピン系／注1）を使うのに抵抗のある先生もいらっしゃることでしょうから、最初から抗うつ薬を使うのも良い手だと思います。

抗うつ薬は三種

Nさんの症例では、中学生での経過はさらっとしか書いていませんが、抗うつ薬は三種類でやっと安定した状態になりました。高校からは勉強も人間関係も順調で、精神状態が悪化することはありませんでした。

自閉スペクトラム症が併存していない場合は、薬物療法をしっかり行うことで、再発なしで治る印象を持っています。

注1　ベンゾジアゼピン系　抗不安薬のほとんどを占める。ベンゾジアゼピンは、抑制性の神経伝達物質・GABA（ガンマアミノ酪酸）と脳神経の「GABA受容体」に結合して、GABAの働きを強める。

症例⑤　L・I　十二歳（小学校六年生）男子　自閉スペクトラム症

性加害

Lくんは病院での診断は受けていませんでしたが、学校では発達障害と考えて個別指導計画を立てて支援していました。当院へは学校の勧めで小学六年生の九月に受診されましたが、そのきっかけは小学六年生の夏休みに起こした性加害でした。

夏休みに入ってすぐの七月の終わりに、Lくんは家族と一緒に夏祭に出掛けました。その時に何故か家族から離れて、ゲームセンターのプリクラの所へ行きました。そして小学一年生くらいの女の子がいるプリクラのボックスに自分も入って、その女の子の顔を触ったり唇にキスをしたりしました。

そんなことがあったので、以降一人での外出は禁じられていました。両親はLくんがずっと外出出来ないのも可愛そうと思って、八月の終わりにまた一緒に夏祭に行くことにしました。絶対にそばを離れないようにと約束していたのですが、Lくんは家族から離れて独り公園で遊んでいました。そうしているうちにトイレに行きたくなったのでトイレに行きました。すると小学一年生くらいの女の子がいて、「虫がいるから恐い」と言うので、Lくんは女の子に障害者用の広いトイレがあることを教えてあげました。そしてそのトイレに一緒に入って鍵を閉めて、また前と同じように女の子の顔や頭を触ったり、唇にキスをしたりしました。

「キスして欲しい」

それで市の課題対応室に相談することになったのですが、Lくんは女性相談員と二人きりになると、相談員の胸元を見つめたり、すり寄ろうとしたりして落ち着かない様子です。

次の日にはお父さんと警察署に行き、生活安全課の婦警さんと話をすることになりました。婦警さんが優しく接してくれたこともあってか、婦警さんに「キスして欲しい」、

「キスがだめなら抱きしめて欲しい」と言って、机の下ではマスターベーションをしていました。それで男性の警察官に代わると、それからは大人しくしていました。

友だちが出来ない

Ｌくんは言葉の出始めは問題なかったのですが、そこからなかなか言葉が増えませんでした。保育園では、みんなの輪の中に入ることなく、独りぽつんと過ごすことが多かったようです。

小学校に入っても、友だちから話し掛けられてもはっきり答えないので、仲のいい友だちは出来ません。動作がゆっくりで、一つ一つの行動に時間が掛かります。授業中はボーッとしていることが多く、一斉授業では理解出来ないことが多々ありました。そのため小学二年生の二学期に通級指導教室でＷＩＳＣ−Ⅲの検査をして、小学三年生から通級指導教室に通うことになりました。通級指導教室では先生と一対一なので会話も弾み、学習にも集中して取り組めて、理解力もあるようでした。

友だち関係を作るのは苦手ですが、下の学年の子には優しく、転校して来た女の子が泣いていると、ティッシュを差し出すということもありました。それでもやはりＬくんの行動は嫌がらせを受けることが多く、小学五年生の時には、女の子から、「笑うな！」と言われ、それからLくんは笑わなくなりました。

つけあがる

小学六年生では、先生から見ると無気力なところが目立ったと言います。課題に対して取り組めず、時間内に作業などをやり切ることが出来ません。学校で話す友だちは二人ぐらいで、自宅に帰って友だちと一緒に遊ぶことはありません。

また、おとなしい半面、相手が優しく接してくれることがわかると言葉数が増えて、場合によっては調子に乗って、つけあがることさえあると言います。身体的には、小学六年生になって急に体格がよくなったようです。

当院を受診した時には、児童相談所が関わっていたこともあり、Lくんとは性加害の話はしませんでした。自閉スペクトラム症の診断と、性加害に対してどう対応するかを両親と学校にお話して、あとは児童相談所にお任せしました。

遠い風景から日常へのコメント⑤

異性への性的関心

児童相談所では、性加害の事例はそれほど珍しいものではありません。児童相談所での個人情報保護の観点から、事例の内容を変更するにしても児童相談所で関わった事例を扱うことは憚《はばか》られますので、学校からの紹介の事例をもとに症例を挙げました。

Lくんのように、トイレで下の学年の子に性的な接触をするというのは、一つのパターンかと思えるほどよくある性加害事例です。

高学年になると、第二次性徴（注1）とともに異性への性的関心がたかまって来ます。それで女の子をトイレなどの人の目に付きにくい場所で見掛けると、いわば衝動的にその子に性的接触を図ります。時には少し知恵を働かせて、うまく誘い込むこともあります。そして一度成功すると、だいたい同じ手口で性加害が繰り返されることになります。Lくんのように、普段はとうていそんなことをするような子に見えない場合が多く、それだけに周りはびっくりしてしまいます。

躁状態の「症状」

性的逸脱行為で注意しておくことは、躁状態の「症状」である可能性を考えておくことです。躁状態と関連があれば、気分安定薬での治療になります。また薬物療法でいえば、衝動行為に対してはＡＤＨＤ治療薬を用いることもあります。

両親は動揺していることが多いので、異性への性的な関心自体は異常でないことを申し添えて、まず気持ちを落ち着けてもらいます。自閉スペクトラム症の疾患名も告げておく方が話はスムーズです。

繰り返し行動

Ｌくんの場合では、本人と「公衆トイレには近付かないこと」を約束します。どうしても用を足す必要があれば、それだけを目的にトイレを使うように言います。自閉スペクトラム症では同じ行動を繰り返すので、まずはこの繰り返し行動を止めることが肝心です。

Ｌくんは児童相談所が指導していたので、通院は数回で終了しましたが、性加害については通常最低二年間はフォローアップしています。特に二年間と言う決まりはありませんが、忘れた頃に再犯がみられるので、経験的に二年間は継続して診ています。

…………

注1　第二次性徴　第一次性徴は男女の性差の外形的形成。第二次性徴は第一次性徴の成熟。いわゆる「思春期」と呼ばれる時期に起こる。「生殖」が可能になる身体へと移行する。この時期、例えば、男の子には「声変わり」があり、女の子は胸が膨らみ、月経が始まる。第二次性徴の生理的メカニズムは、視床下部からの性腺刺激ホルモン放出ホルモンの増加により、下垂体から性腺刺激ホルモンが分泌されることを契機に起こる。

症例⑥　K・L　十一歳（小学校六年生）　男子　自閉スペクトラム症

最初の言葉・「アンパンマン」

小さい頃から「多動」が目立っていたKくんが、病院を受診したのは小学六年生の四月のことでした。

Kくんの歩き始めに遅れはありません。二歳四か月の時に「アンパンマン」という言葉を発したのがお母さんにとっては印象的だったと言います。乳幼児健診では言葉の遅れは指摘されていませんでしたが、この頃にようやくはっきり聞き取れる単語を話したようです。

二語文はまだだったのですが、幼稚園に入って言葉は追い付いてきました。しかし自分の気持ちを言葉で伝えるのは苦手で、すぐに手が出てしまうので友だちとのトラブルがよくありました。また本を読む時間に、勝手に園庭（運動場や庭）で遊んだりもしていました。家でも自分のやりたいことをやって、なかなか言うことを聞いてくれません。外では道路への飛び出しはありませんでしたが、すぐにいなくなって、両親は探すことが多かったようです。特に自分の知っている場所、例えばよく行くスーパーマーケットなどでは、自分の好きな所に勝手に行ってしまいます。

学級崩壊と問題行動

小学一年生の時は、担任が男性の先生だったからか、授業中に立ち歩くことはありませんでした。しかし、友だちとのトラブルは相変わらずで、何か言われるとカーッとなって手が出てしまいます。二年生になってからは、授業を座って受けることが出来ません。教室を飛び出してしまうこともしばしばです。その後も問題行動は収まらず、そのため学習の積み上げも出来ません。両親は知人から「発達障害の多動症ではないか」と言われたことがあり、両親はその可能性を受け入れようと考えて、Kくんは小学三年生の九月から通級指導教室に通うようになりました。小学四年生では教室から出て行った時の約束をして、別室で支援員の先生が関わっていました。

小学五年生になって、担任の工夫でほんの少しましにはなったのですが、三学期から担任が代わったためにクラス全体に落ち着きがなくなりました。ただKくんにとっては、クラス全体が崩れていくのが楽しくて、逆に教室から出て行くことが少なくなりました。しかし、ますます勉強に集中出来なくなり、問題行動はもとに戻ってしまいました。友だちに言われたことにカーッとなって、言い返せないで友だちをコンパスで刺すことがありました。それで六年生になってすぐの四月に、両親に連れられて当院を受診しました。

「やりたくないんじゃー」

初診時のKくんは、診察室では椅子に大人しく座っていて、「多動」はみられません。質問に対しても、短い言葉ですがきちんと答えることが出来ました。

学校の先生の話によると、六年生になっても相変わらず授業中に立ち歩いているということです。飽きてくると少し乱暴な口調で「やりたくないんじゃー」と言って立ち歩きます。他の子から言われたことに言葉で返せず手が出るのも相変わらずですが、何人かの友だちの言うことは素直に聞くようです。

お母さんは薬を使うことに対して抵抗があるようでしたが、お父さんは、Kくんの学校の様子がなかなか改まらないので、薬を使うのも一つの手かなとの考えでした。それで四月の中頃から気分安定薬を開始することにしました。

自分の力を示したい

五月の中頃に受診された時のお母さんの話では、通級の先生から「受け答え」が変わってきたと報告を受けたとのことでした。家ではその違いがわからないけれど、学校では落ち着いている時間が増えて、科目によってはノートも取るようになったと言います。

七月には学校の体育館を自転車で走ることがあったようです。両親の話では、Ｋくんは「変なことはする」けど、薬を飲んでからその理由を説明することが出来るようになったと言います。それで両親は、Ｋくんが変なことをするのは自分の力を示したいからだと気付きました。Ｋくんは高い所が苦手なのに、学校では高い所に上ったりもしたようです。

好きな女の子

夏休みに入ってからは、お母さんの希望で薬は飲んでいませんでした。二学期になって、友だちに手を出すことは見られず、学校でも以前に比べるとずいぶんと立ち歩きなどの問題行動は減りました。そして授業を受けようとする意欲は出て来たのですが、集中力は続きません。そこで両親と相談して、ＡＤＨＤ治療薬を開始することにしました。

薬を飲み出してから少し集中出来る時間も増え、前は参加しなかった理科と社会も受けるようになりました。広島への修学旅行では、被爆者の方への挨拶もしました。自分でも薬の効果を感じているのか、自ら進んで服薬しているようです。

二学期の終わり頃はずいぶん落ち着いていました。しかし、三学期には、放送当番の時に遅くまで音楽を流していたことを先生に注意され、先生の胸ぐらを掴むことがありました。実は、隣に好きな子がいたので、格好《かっこう》付けたかったからのようです。あとは大きな問題はなく小学校を卒業しました。

遠い風景から日常へのコメント⑥

男性教師と女性教師

Kくんの小学六年生の時のＷＩＳＣ－Ⅲの検査結果は、言語性ＩＱ85、動作性ＩＱ75、全検査ＩＱ80で、群指数は言語理解85、知覚統合75、注意記憶１００、処理速度75でした。参考までに、小学四年生の時は、言語性ＩＱ95、動作性ＩＱ80、全検査ＩＱ85でした。いずれの数値も90パーセント信頼区間で変更しています。

Kくんの担任は、小学一年生の時は男性の先生ですが、小学二年生から小学六年生までは女性の先生でした。男の子の中には、Kくんのように女性の先生をなめてかかる子がいます。そのような子の中にははっきりと、「女の先生だからなめている」と口に出して言う子もいます。

Kくんの場合、少なくとも高学年からは男性の担任の方が良かったのではないかと思います。先生の性別にかかわらず離席せずに授業を受けることを目標にするのも一つの考えですが、まずは落ち着いて勉強するための環境を整え、問題行動の「癖《へき》」を断ち切ることが大切です。

服薬への拒否感

ＡＤＨＤの「多動」は、年齢が上がっていくに連れて軽減していくのが一般的ですから、Ｋくんのように小学一年生より小学二年生の方が「多動」が目立つ場合は、自閉スペクトラム症から起因する「多動」を念頭におく必要があります。

Ｋくんは気分によって学習への取り組みが変わることもありましたので、最初に気分安定薬、バルプロ酸ナトリウムを使用しています。コンパスで刺すような危険行為が続いているようでしたら、リスパダールなどの抗精神病薬を使用するのも良いでしょう。

また、Ｋくんはバルプロ酸を投薬している経過中に、朝起きにくくなった時期がありました。バルプロ酸投与とは無関係と考えられましたが、一般の方（精神科以外の医師を含む）は「精神科の薬は眠くなる」との認識が強いことが多いので、もともと服薬には拒否感のあったお母さんにとって、服薬への心配はなおさらです。

小学六年生の二学期には手が出ることが減ってきていたので、抵抗感のあるバルプロ酸を勧めることは止めて、ＡＤＨＤ治療薬（ストラテラ）を服薬してもらうことにしました。

症例⑦　Ｌ・Ｌ　十二歳（小学校六年生）男子　自閉スペクトラム症

担任の勧めで受診

Ｌくんは、四年生から授業の中に入っていけないとのことで、小学六年生の担任の勧めで九月の末にお母さんと病院を受診しました。

お母さんの話では、歩き始めも話し始めも遅れはなくて、乳幼児健診でも問題はありませんでした。保育園ではクラスを盛り上げるリーダーシップをとる活発な子でした。

Lくんは好奇心が強く、思い通りにならないと拗《す》ねることはありましたが、やり易い子だったと言います。

忘れ物が目立つ

小学校の低学年は保育園の延長で、お母さんは困るところはなかったのですが、忘れ物が目立つようになってきたと言います。

小学三年生の途中から、先生に追いかけられるのが楽しくて、授業中に逃げ出すことがありました。四年生の時は教室からの飛び出しが最も酷かったようです。小学五年生の時の担任は、理科の実験をよくしてくれる先生で、飛び出すと実験をさせてくれたので、落ち着くには落ち着いたのですが、皆と一緒に勉強が出来なくなってしまいました。

受診を勧めてくれた先生の話では、Lくんは小学一年生の時から教室からの飛び出しがみられていたとのことです。衝動的な行動もあって、防火スプレーを撒いたり、給食の配膳中に容器に手を突っ込んだりしていたようです。小学四年生の時には、先生の服を破いたことがあります。それで少年センター（注1）からもLくんの学校での様子を見に来てくれて、愛着障害（注2）ではないかと言われたことがあったようです。小学五年生の時は、ほとんど教室に入ることが出来ず、それで職員室に連れて行くのですが、職員室をめちゃくちゃにしてしまいます。

棒が好き

小学六年生では、教室で注意されると「死ね、死ね」と言い出して、気に入らないと手が出てしまいます。気に入らない子には棒をもって追いかけるので、トラウマになった子がいるほどです。とにかく棒が好きなので、危なくて仕方ありません。しかも突然怒り出すので、周りの子は何で怒っているのかがわかりません。ニコニコしていたかと思うと、急に物を投げたりします。手加減も難しいようです。こんな調子ですから同学年の子には遊び相手がなく、低学年の子と遊んでいます。

病院は嫌

学習では、文章を読むのが嫌で漢字が書けません。割り算も苦手です。しかし、Lくん自身は教室で勉強したいという気持ちはあるようです。

学校では両親に折に触れて受診を勧めていたのですが、お母さんは障害者のレッテルを貼られるのではないかと心配してなかなか応じてくれませんでした。しかし、中学進学を理由に何とか説得して、小学六年生の八月に特別支援学校で「発達検査」を受けてもらったようです。その検査結果を受けて、ようやく病院への受診も承諾されました。しかしLくん自身は病院へ行くのが嫌だったらしく、「病院に行けという先生のところには行かない」と言って、九月中頃から教室に入らなくなりました。それでも九月末にお母さんと当院を受診してくれました。

お薬は嫌

初診の時のLくんは、半分ぐらいの質問に対して、首を横に振ったり頷いたりして答えていました。身体の症状としては、お腹が痛くなることがよくあることを話してくれました。後日の心理検査の時も表情の変化が少なく、検査の先生が挨拶しても返事がありませんでした。Lくんは初めての所では少し緊張が高いようです。

学校の様子を伺った後の十一月は両親のみの受診で、お薬の提案をしましたが、薬は使いたくないとのことでした。

十二月の受診の時は、友だちに危害を加えることはなくなってきたとのことでした。

しかし、非常階段から下をのぞき込んだり、ロッカーなどの高い所に上ったりと危険な行動が目立ち始めました。そこでもう一度、お薬の提案をしたところ、両親は前回ほど拒否的ではなかったのですが、Ｌくん自身が嫌がりました。

服薬を受け入れる

一月の受診までの間に、友だちの家で物を盗ることがありました。Ｌくんはやっていないと譲らず、相手のご両親は怒っているとのことでした。そのことがあって、今度は本人も観念して、お薬を飲むことになり、ＡＤＨＤ治療薬を開始しました。

服薬開始後は、少し落ち着いて過ごせるようになりました。もともと服薬に抵抗感があったためか飲み忘れることがしばしばあります。すると落ち着かなくなってくるので、また気を付けて続けて飲んでくれます。しばらくはその繰り返しだったのですが、中学校では小学校の時と違って、授業をちゃんと受けるようになりました。また一学期の終わり頃からは薬を忘れず飲むようになって、ずいぶん落ち着いて過ごせるようになりました。

遠い風景から日常へのコメント⑦

病名を告知しない

Lくんは ADHD傾向を伴う自閉スペクトラム症の診断ですが、両親には障害の受け入れが難しそうだったので、最後まではっきりとは病名を告知しませんでした。初診時のお母さんの話では、Lくんに障害があると言われないように用心している風に思えたからです。

Lくんの特性についての説明に関しては受け入れられるのですが、病名の受け入れとなるとぐっとハードルが高くなります。しかし、ADHD治療薬のストラテラの説明の時にADHDという言葉は使っているのですが、そこはあまり気に懸けていないようです。

小学生のうちに受診

学校の先生は小学一年生の時から受診を勧めていたようですが、両親はなかなか聞き入れてくれませんでした。小学六年生になってやっと検査を受けてもらうところまで説得され、その結果をもとに受診に繋ぐことが出来ました。先生は小学校のうちになんとか道筋を付けておきたいという強い思いだったと思います。

因みに、その時の検査（ＷＩＳＣ－Ⅲ）の結果は、言語性ＩＱ80、動作性ＩＱ80、全検査ＩＱ80（90パーセント信頼区間で数値を変更）でしたが、下位検査項目には有《ゆう》意《い》なばらつきがみられたので、受診の説得に一役買ったと思われます。

愛着障害

Ｌくんは、少年センターからの指摘で「愛着障害」ではないかと言われましたが「愛着障害」を考える時、発達障害がある場合には特に注意が必要です。

ＤＳＭ－Ⅳでは、反応性愛着障害（Reactive attachment disorder）は二つの下位分類に分かれていたのですが、ＤＳＭ－５ではそれらが独立した疾患になっています。一つは反応性愛着障害（反応性アタッチメント障害　表３－３）で、もう一方は脱抑制型対人交流障害（Disinhibited social engagement disorder　表３－４）です。前者の診断基準の中には「自閉スペクトラム症の診断基準を満たさない」という項目がありますが、後者については、明確な自閉スペクトラム症の場合の除外項目はないので

表3-3　反応性愛着障害（反応性アタッチメント障害）の診断基準（DSM-5）

A	以下の両方によって明らかにされる、大人の養育者に対する抑制され情動的に引きこもった行動の一貫した様式。 1　苦痛な時でも、その子どもはめったにまたは最小限にしか安楽を求めない。 2　苦痛な時でも、その子どもはめったにまたは最小限にしか安楽に反応しない。
B	以下のうち少なくとも２つによって特徴づけられる持続的な対人交流と情動の障害。 1　他者に対する最小限の対人交流と情動の反応。 2　制限された陽性の感情。 3　大人の養育者との威嚇的でない交流の間でも、説明出来ない明らかないらだたしさ、悲しみ、または恐怖のエピソードがある。
C	その子どもは以下のうち少なくとも１つによって示される不十分な養育の極端な様式を経験している。 1　安楽、刺激、及び愛情に対する基本的な情動欲求が養育する大人によって満たされることが持続的に欠落するという形の社会的ネグレクトまたは剥奪。 2　安定したアタッチメント形成の機会を制限することになる、主たる養育者の頻回な変更（例：里親による養育の頻繁な交代）。 3　選択的アタッチメントを形成する機会を極端に制限することになる、普通でない状況における養育（例：養育者に対して子どもの比率が高い施設）。
D	基準Ｃに挙げた養育が基準Ａに挙げた行動障害の原因であるとみなされる（例：基準Ａに挙げた障害が基準Ｃに挙げた適切な養育の欠落に続いて始まった）。
E	自閉スペクトラム症の診断基準を満たさない。
F	その障害は５歳以前に明らかである。
G	その子どもは少なくとも９か月の発達年齢である。

表3-4　脱抑制型対人交流障害の診断基準（DSM-5）

A	以下のうち少なくとも２つによって示される、見慣れない大人に積極的に近付き交流する子どもの行動様式。 1　見慣れない大人に近付き交流することへのためらいの減少または欠如。 2　過度に馴れ馴れしい言語的または身体的行動（文化的に認められた、年齢相応の社会的規範を逸脱している）。 3　たとえ不慣れな状況であっても、遠くに離れて行った後に大人の養育者を振り返って確認することの減少または欠如。 4　最小限に、または何のためらいもなく、見慣れない大人に進んで付いて行こうとする。
B	基準Ａに挙げた行動は注意欠如・多動症で認められるような衝動性に限定されず、社会的な脱抑制行動を含む。
C	その子どもは以下の少なくとも１つによって示される不十分な養育の極端な様式を経験している。 1　安楽、刺激、及び愛情に対する基本的な情動欲求が養育する大人によって満たされることが持続的に欠落するという形の社会的ネグレクトまたは剥奪。 2　安定したアタッチメント形成の機会を制限することになる、主たる養育者の頻回な変更（例：里親による養育の頻繁な交代）。 3　選択的アタッチメントを形成する機会を極端に制限することになる、普通でない状況における養育（例：養育者に対して子どもの比率が高い施設）。
D	基準Ｃに挙げた養育が基準Ａに挙げた行動障害の原因であるとみなされる（例：基準Ａに挙げた障害が基準Ｃに挙げた病理の原因となる養育に続いて始まった）。
E	その子どもは少なくとも９か月の発達年齢である。

すが、自閉スペクトラム症を持つ場合には診断には慎重を要します。

また両者ともその診断には、養育環境に虐待や何らかの原因による適切な養育の欠落があることが必要です。

少年センターからの「愛着障害」の指摘は、先生との距離の取り方が脱抑制型対人交流障害に当てはまるかも知れないと考えたと推測出来ますが、Lくんの養育環境は「愛着障害」の原因となるような不適切な環境にあった可能性は少ないのではないでしょうか。

注1　少年センター　青少年の育成を目的として全国の市区町村に設置されている機関。名称はその地域の活動内容に応じた名前を付けるので様々。「センター」の始まりは、昭和二十七年（一九五二）、当時の京都警察本部に設置された「少年補導所」という。

注2　愛着障害　子どもとその養育者の関係がうまくいかない場合に起こる。症状は二つあるが、二つは相反するものである。一つは「過度に人を恐れる、避ける」、もう一つは「過度に人に馴れ馴れしい」というもの。この状態が続くと、表現力、コミュニケーション能力が著しく低下する。ともに原因は養育者の子どもへの対応による。

コラム

お祖母さんの眼

一冊の本

ユウくんのお祖母さんと知り合いました。一冊の本が繋いでくれた縁です。

その人、ケイ夫人はミネルヴァ書房の「シリーズ思春期のこころと身体Q&A」第五巻の『発達障害』を読んでお手紙を下さいました。

とてもきれいで闊達な字でした。後で知ることになるのですが、ケイ夫人は今年、八十四歳。とても信じられません。手紙の文章は明晰で、何より「発達障害」なるものを知りたいという情熱がスゴい。それでもっとお勉強したいというのです。

お手紙には「発達障害を持つお孫さん」のことが書かれていました。それがユウくんです。その中に、

「ユウのことは、両親がしっかり見ているので、本来私などが口出しすべきでないのですが」

ということも書かれていました。そしてこちらに連絡したのは、「発達障害と聞いてもよくわからないのでは、孫と接する時、良くないと思い、もう少し知識を得たいと思いました。それでお手紙申しました」ということでした。

素人判断

私は早速ケイ夫人にお返事を書きました。それで今度はケイ夫人からお電話を頂くことになり、ユウくんの状態が少し解りました。しかし素人の私が、意見を言うには、あまりに重大な問題なので崎濱先生にご連絡しました。先生は、おそらくユウくんは自閉スペクトラム症の「強迫」と思ったと思いますが（私が素人判断で、「強迫」ですか？　と先生に尋ねたからです。まあ、誘導尋問です）、もちろん先生は黙ったまま答えてはくれませんでした。

それで今度は私からケイ夫人に電話をし、崎濱先生の著書を読むことをお勧めしました。しかし先生の単著は『発達障害からの挑戦状』とミネルヴァ書房の先の本しかありません。とりあえずは先生の思いを汲みとって、いくつかの

「発達障害」に関する原稿のコピーを送らせて頂きました。

その時先生が言ったのは、

「お母さんの眼よりお祖母さんの眼の方が、客観的でその子にいい影響を与えるかも知れない」

というようなことだったように記憶します。先生のせめてものアドヴァイスです。先生としては、一度も会っていない子の症状を伝え聞いて、軽々に判断することは出来ません。今回のシリーズにもお祖母さんはよく登場しますのでその辺りから読み解いて下さい、ということでしょう。

ユウくんのやさしさ

今までにケイ夫人から頂いたお手紙の中から、ユウくんの様子を詳しく書いて下さったある日の手紙の文面を箇条書きに記してみます。

一、一歳三か月。
＊言葉が出なくなる。

ユウくんの叔父さんの突然の死。ユウくんのお母さんは弟の死に涙が止まらない。ヨチヨチ歩きのユウくん、そんなお母さんに、涙を拭くティッシュを持ってゆく。この頃ユウくんは少し話し始めていたのですが。

二、一歳七か月の頃。
＊先回りしてのやさしさ。
曾祖母へのいたわり。祖父母への気遣い。

三、幼稚園年中組の頃。
＊観察眼と日常の記憶。
たまたまケイ夫人がお母さんの代わりに、ユウくんを幼稚園に迎えに行った日の会話。

「この石の下にダンゴムシがいるよ」

「ほんとに」

「うん、ほら」

ユウくんが小石を持ち上げるとダンゴムシがいっぱい。

「ユウくんは、よく知っているのね。ところで今日幼稚園では何をしたの？」

「忘れた」

四、一年生の頃。
＊確かな記憶。
デパートでユウくんとお買い物をした時に、ケイ夫人が買った「赤い帽子」のことを記憶していた。後日、「この間の帽子！」と言ってくれたことが、うれしくて印象に残っている。

五、幼稚園から小学校低学年までの好きな遊び（家族と一緒にする遊び）。
＊トランプ、おはじき、カルタ等。
「神経衰弱」がダントツに得意。ほめると恥ずかしそうにする。でもうれしそうな顔。

六、二年生。五月。
＊同居していた父方の祖母の死。
泣き崩れるお母さんに「おばあちゃんの分おじいちゃんにしてあげれば」と、しっかりした口調で言いお母さんを慰める。

七、三年生。四月。
＊お祖父ちゃんを心配する。
みんなでホテルに泊まった時、本年九十歳になる祖父の入浴の心配をする。お風呂へ入った時から上がる時まで浴室の外で見守っていた。

ケイ夫人が、今までのユウくんを見ていて心に残ったことを書き留めて下さったものです。

「お薬、ちゃんと飲んでいるよ」

ケイ夫人はユウくんがいかにやさしい子かを思って今までの思い出を書くの

ですが、現状は少しキツい状況です。小学四年生になったユウくんは、外出先から戻ると「部屋が汚れている」と言って部屋に入れないこと。それで両親は「空気清浄機」でお部屋をきれいにして、やっとユウくんを家の中に入れていること。逆に家から外に出る時「虫がいるから出られない」と外出を不安がること（ダンゴムシに興味を持っていた頃のユウくんはどこに行ったのか）。

また宅配便にも郵便にも新聞にも触れることが出来ないこと。それでケイ夫人はユウくんに荷物を届ける時は、宅配便の場合は「支局止め」にして、それを一度両親がきれいに拭いて（消毒して）、ユウくんに渡すようにしていること。

このユウくんの「潔癖症」をもって、

「ユウはやはり発達障害なのか」

と、心配になっていること。

病院には、きちんと通っていて一日、四回のカプセルを飲んでいることを、ユウくんが自慢げに「お薬、ちゃんと飲んでいるよ」と言って、「今、飲んで見せるね」と、服薬を拒否しないユウくんに少し安心していること。ただこれも祖父母を安心させようという気遣いかと思うと不憫《ふびん》になること。このままいい方向に進めば良いのだが、本当に回復するのか、それをケイ夫人はとても心配しています。

お姉さん

ユウくんにはお姉さんがいて、その子は、しっかりした子で勉強も出来て希望の中学校（大学附属の名門校）に進学したのですが、中学一年生の秋、ちょっとした病気で学校を休んでから「不登校」になっています。この姉の不登校の心の奥にユ

『御伽繪』「桃太郎」巻の序　兒嶋玉鳳画　昭和五年

川上から「どんぶらこっこ」と流れて来た桃（赤ん坊）を拾うのは、お祖母さん。昔話「桃太郎」は、お祖母さんの呪力を語っている。この絵は、お祖母さんを御所人形に見立てて、高貴に美しく描いている。

ウくんの「影」があるのではないかとケイ夫人はお姉さんのことも心配です。
因みにお姉さんは、今年中学三年生になりました。

ケイ夫人は「今、私に出来ることは何か」を一所懸命に考えています。祖母として出来ることを。

症例⑧ J・G 十一歳（小学校六年生） 男子 自閉スペクトラム症

お祖母ちゃんがいると安心

小学一年生の時から人とはずれた行動をしているというJくんが、病院を受診したのは小学六年生の六月も終わりの頃でした。

先生の話では、Jくんが小学四年生の時に、お母さんは児童相談所（注1）にネグレクト（注2）で虐待通報されたようです。

これは、お母さんが子どもの世話をしていなかったということらしいのですが、おそらく、小学三年生まではお祖母ちゃんも一緒に住んでいたので、お祖母ちゃんがＪくんの面倒を見てくれていたからだと思われます。実際のところ、小学三年生まではお祖母ちゃんが忘れ物をチェックしてくれていたので忘れ物がなかったのですが、小学四年生からは忘れ物が多くなりました。

ワーッとなると手が付けられない

Ｊくんは歩き始めも話し始めも遅れはなく、乳幼児健診でも問題はありませんでした。しかし、保育園ではみんなが前を向いている時でも、後ろ向きになったりあっち向いたりこっち向いたりと落ち着きがありません。遊びも年下の子と遊ぶ方を好んでいました。小学一年生になっても落ち着きはなく、教室から出て行ったりしていましたが、しばらくして落ち着くと自分で戻ってくることは出来ました。

ただ二年生になると落ち着きのなさは酷くなって、走り回ったり、奇声を発したりしていました。些細なことでも、ワーッとなると手が付けられなくなります。例えば、百人一首で好きな札が取れなかった時などです。そして教室から出て行くと、なかなかいます。

戻って来なくなりました。大人しくしていると思えば寝ていて、勉強はしたい時にして

音のザワザワが嫌い

家では、お母さんが「勉強しなさい」と言うとトイレに籠ってしまいます。宿題は仕方なくするのですが、宿題のプリントを隠して「宿題はない」と嘘をつくことがしばしばです。連絡ノートも宿題の欄は空けています。

小学五年生の時に先生が、ザワザワしている時に耳を押さえていることに気が付いて、特別支援学校で「発達検査」をしてもらいました。そしてその結果を両親に伝えて、病院を受診することを勧めました。五年生の時に受診を勧められたのですが、何となく日延びして、当院を受診されたのは小学六年生の六月でした。

気分安定薬

診察室では落ち着いていて、立ち歩きは見られません。質問に対する返答も、短いながらきちんと答えてくれます。仲の良い友だちは三人ぐらいで、学校では嫌なことはあ

まりないようです。勉強は好きではないようで、特に漢字と算数の難しいところは嫌いと言います。

診察室では落ち着いていたので、受診したのが六月の終わりだったこともあり、とりあえず夏休みと二学期が始まってからの様子を見ることにしました。

夏休みは楽しく過ごせたようですが、二学期が始まってからはずっとだらだら過ごしています。宿題は全くしないし、お母さんが宿題をやらせようとするとパニックになってしまいます。

それで十月の診察の時に、気分安定薬を服薬してもらうことにしました。

十一月に受診した時には、Jくん自身も薬を嫌がることなく飲めていて、だらだら過ごすこともなくなってきたと言います。夜もぐっすり眠れるようです。睡眠時間はあまり変わりませんが、以前ならちょっとした音が気になって起きていたのですが、今はそれがなくなったようです。

「ぐうたらしていた」

冬休みは「ぐうたらしていた」と自ら言っていましたが、三学期は落ち着いて過ごせました。中学は「ついていけるか」心配していましたが、順調な滑り出しです。家でもお母さんに学校での勉強の話をしてくれるし、宿題も嫌がらずにやっています。

中学一年生の夏休みからは服薬を中止し、その後も概《おおむ》ね落ち着いた中学生活を送りました。

遠い風景から日常へのコメント⑧

ネグレクトで通報

詳細は不明ですが、Jくんのお母さんはネグレクトで児童相談所に通報されたようです。ネグレクトは児童虐待の一つで、他には身体的虐待、性的虐待、心理的虐待が児童虐待として挙げられます。そして、ネグレクトとは以下のような行為のことです。

・子どもの健康・安全への配慮を怠っているなど。
・子どもにとって必要な情緒的欲求に応えていない（愛情遮断など）。

・食事、衣服、住居などが極端に不適切で健康状態を損なうほどの無関心・怠慢など。

・子どもを遺棄する。

車に子どもを置いてパチンコをしたり、飲み歩いていたりしているのもネグレクトですが、報道などで知られるように、その結果として熱中症で子どもの命が失われるなどの取り返しのつかない事態に陥ることもあります。

ＩＱ１０５なのに

Ｊくんのお母さんは家事や仕事をてきぱきこなす方ではなさそうで、お父さんも子育てに積極的に関わるタイプではなかったようです。

Ｊくんが小学四年生になって何らかの事情でお祖母さんの助けが借りられず、結果としてお母さんはネグレクトになったのかも知れません。そのような時には、市区町村での「子育て支援」の利用を勧めるのも一つの手です。

ところでＪくんの小学六年生の時のＷＩＳＣ－Ⅳの検査結果は、全検査ＩＱ１０

5、言語理解95、知覚推理１２０、ワーキングメモリー90、処理速度１１０でした（90パーセント信頼区間で数値を変更）。一方、学校での成績をみると知能に見合った成績が取れていません。その原因の一つとしては、気分によって課題の取り組み方が大きく変わることが考えられます。

気分安定薬での改善

次に薬物療法をどうするか考えてみましょう。

受診に繋がったのは、小学五年生の時の先生が、ざわついている時にＪくんが耳を押さえていることに気付いたことがきっかけでした。十把《じっぱ》一絡《ひとからげ》で「聴覚過敏」というのは良くないのですが、いわゆる「聴覚過敏」と言われるものの中にはＡＤＨＤ治療薬が有効なものがあります。

これらを考えるとＡＤＨＤ治療薬、気分安定薬が薬物療法の候補に上がります。ＡＤＨＤ治療薬でも結果として気分が安定することがありますし、気分安定薬でも「聴覚過敏」が改善することがありますので、まず気分安定薬を服薬してもらって、変化をみるのが良いかと思います。

Jくんの場合は、気分安定薬でひとまず「聴覚過敏」の症状がみられなくなりました。もちろん今後の経過でADHD治療薬や他の向精神薬が必要となることもあるかも知れません。

………………

注1　児童相談所　児童相談所は、児童福祉法によって各都道府県に設置することが定められている。ここで言う児童とは0歳から18歳未満の者のこと。児童相談所と聞くと、被虐待児の保護を思い浮かべる場合が多い。もちろんそれも重要な業務の一つだが、もっと幅広く児童に関する様々な問題について、家庭や学校からの相談に応じている。相談の種類は養護相談、保健相談、心身障害相談、非行相談、育成相談など。相談に当たるのは、一般の行政職員の他、児童心理司、児童福祉司、医師といった専門職員。

注2　ネグレクト　一言でいえば、「子育て放棄」。哺乳類だけでなく、鳥類・魚類・昆虫類・甲殻類なども「子育て」を放棄し始めているという。「抱卵」を拒否しているのである。さらに草木までも。植物は〝実〟を「落下」させることで、「子殺し」をしているという。

症例⑨ T・N 十二歳（小学校六年生） 女子 自閉スペクトラム症

アスペルガー障害

小学六年生の一学期になってから、Tさんは言葉が出にくいのが気になり始めました。言葉は「喉まで出ているけど出てこない」と言います。また、前からKY（空気が読めない）と言われることがよくあって、お兄さんがアスペルガー障害の診断を受けていることもあり、自分もアスペルガー障害ではないかと心配になり、アスペルガー障害かどうかをはっきりさせたいと思うようになりました。

お母さんもTさんの様子が気になっていたので、小学六年生の九月初旬に当院を受診しました。

水曜日はお休み

Tさんは歩き始めも話し始めも遅れはありませんでした。幼稚園の時に発達相談を受けたようですが、「そういう傾向がみられるけど、集団の中で過ごすことが大事だ」と言われただけで、その後発達相談は継続されませんでした。

小学一年生の時は普通に学校に通えていました。しかし、二年生になって、何がきっかけかはわかりませんが、学校を休みがちになりました。二年生の三学期はほとんど学校に行けませんでした。三年生になると教室にも入れなくなって、別室にダンボールで部屋を作ってもらっていました。それで段々と教室にも入れるようになってきたのですが、水曜日は学校を休むと自分で決めていました。

話をまとめられない

小学四年生からは登校出来るようになりました。しかし、お母さんによれば、この頃から質問に対してトンチンカンな答が返ってくることが目立ったと言います。学校では先生の言うことを一回で理解出来ず、考えているうちに先に進んでいるので授業に付いていけなかったようです。

小学六年生になって、責任が重い運営委員会に何故か自分から進んで入ったのですが、一学期は十数日休んでいます。

先生によると、学習ではやはり物の名前が出てこないと言います。話が頭に入っていないようだし、発表の時にも頭の中でまとまらない様子です。発表では、少し声が上ずっています。成績は中の下ぐらいです。友だちはいて、人間関係の広がりはないものの、集団を嫌う訳ではありません。

「人と話すのが苦手」

初診の時は、質問に対する答は短く、話が広がることはありません。自閉スペクトラム症でよく見られる程度のものでした。

学校生活は、「まあまあ」楽しいようです。仲の良い子は「二桁はいっている」と言います。勉強は算数と国語が嫌いで、図工が好きです。将来の希望は画家か漫画家です。困っていることは、「人と話すのが苦手」と言います。そのことを少し突っ込んで聞くと、初めて言葉に詰まりました。

お母さんによると、急に話を振られた時、聞いていなくて、おろおろしたり、二つ三つのことを一遍に言われた時にもおろおろするようです。また、自分の意図と違うところで怒られて困惑することもよくあるようです。

「生きていていいのかな」

九月末の診察の時に、自閉スペクトラム症の診断名を告知すると、ほっとしたような表情を浮かべていました。

そして、三学期の二月ぐらいまでは問題なく学校生活を送っていたのですが、三月に入ってから学校に行けなくなりました。二月末に学校で酷いことを言われたと言い、「外に出たくない」とか「死にたい」とか言うようになりました。

お母さんによると、このことがある前から「生きていていいのかな」と、ずっと言いながら、その都度気持ちを立て直しながらやって来たのだと言います。それで抗うつ薬を少し始めることになりました。

睨まれている恐怖

三月の末頃には気持ちは少し立て直せたのですが、眠りにくくなったり、ご飯があまり食べられなくなったりしました。また、「睨《にら》まれているみたい」で「外は恐い」、「誰もいないのに恐い」と言い出すようになりました。

こんな様子ですから、中学が始まっても登校出来ませんでした。睡眠と食欲はだいぶ良くなってきたのですが、身体のだるさは続きます。恐怖感も相変わらず強いままで、「外は恐い。窓の外に誰かいる。見られている感じがする。知らない人でも怒られそうな感じ」と話していました。

その後もずっと背後には誰かがいて、「睨まれている恐怖」が続いています。

自分を傷付けたい衝動

九月には全体的に少しましで、別室に登校出来る日も出て来ました。文化祭も見に行くことが出来たのですが、そこで「うつ」になるきっかけの子の作品を見てしまいました。その後、気分が不安定になって、自分を傷付けたい衝動が止められず、夜中に自分の腕を切ってしまいました。それからは夜になると自分の腕を傷付けたくなってしまいます。

死にたくなる気持ちも出て来たり影を潜めたりで、一進一退が続きました。三学期には落ち着いてきたのですが、なぜか別室でなく、教室に入りたい気持ちが強くなってきました。そして今度は、教室に入らないといけないというプレッシャーで、また気分の落ち込みが目立ってきました。

それからも少し良くなったり、悪くなったりの繰り返しで、中学二年生からは自分の意識のコントロールが難しくなる解離《かいり》と言う症状がみられるようになりました。

遠い風景から日常へのコメント⑨

解離症状が生む人格

Tさんの小学六年生の時のWISC－Ⅳの検査結果は、全検査IQ110、言語理解120、知覚推理110、ワーキングメモリー90、処理速度100でした（90パーセント信頼区間で数値を変更）。ワーキングメモリーの下位検査項目で数唱6、語音整列10の評価点が特徴的です。

お母さんは子育てには熱心ですが、幼稚園の時の発達相談で継続相談が必要でないとされたことは、Tさんの通院が遅れた一因だと思われます。

また、Tさんは知能は高い方で、性格も真面目で優しいので、発達の課題になかなか気付かれなかったのかも知れません。

真面目で優しい子が発達の課題に耐えていると、Tさんのように解離症状が見られるようになることがあります。本文には書いていませんが、後になるほど攻撃性のある人格が出て来て、ペットを虐待したりします。その一方でTさんよりももっと優しい「チビちゃん」が登場して、攻撃的な人格が出て来るとTさんを眠らせたりしていました。

解離については第四巻でまとめて扱います。

統合失調症の可能性

また、もう一つ重要なのは「睨まれている」とか「誰かに見られている感じがする」といった症状です。これは中学生ぐらいのうつ状態ではよく見られる症状ではあるのですが、統合失調症や解離性障害の可能性も考えておかなくてはなりません。

統合失調症については第五巻で扱います。

仮定の話になってしまいますが、Tさんが幼稚園の時の発達相談で適切なフォローを受けていれば重症化しなかったかも知れません。

コラム

ものくさ太郎の変身

餅を抱く太郎

信濃《しなの》の国の「つるま」の郡《こおり》、「あたらし」の郷《ごう》という所に大変「ものくさ」な青年がいました。「ものくさ」とは、何をするのも億劫《おっくう》で、その所作《しょさ》が、たらたらだらだらしていることです。そのものくさな青年、あまりの怠惰さ故、「ものくさ太郎」と呼ばれていました。

太郎の「ものくさ」さは度を超えていました。太郎は寝てばかりいるのです。目覚めている時も地面に莚《むしろ》を敷いて寝転んでいました。立ち上がるのさえ物憂いのです。それでも里の人々はそんな太郎に優しいのです。里の人は「ちっとも動かないが、腹はすくだろう」と、食べ物を時々差し入れていました。

以前には情のある人の助言で大きな祝言の餅を五つ頂きました。四つはすぐに食べました。一つ残して大事に抱いていました。残した餅が愛おしく、餅と戯れていると、手が滑って餅はころりんと転がってしまいました。拾おうとするのですが、太郎は寝たままです。もうちょっとのところで届きません。そこに餅を奪いにカラスと犬がやって来ました。それでも太郎は立ち上がりません。

太郎とカラスと犬

太郎は、唯一の財産の竹の杖で一応カラスと犬を追い払おうとはするが……「まあいいや」。「物草太郎絵巻」大阪女子大学附属図書館蔵。

そこに地頭《ぢとう》が大勢の伴を連れて通りがかります。太郎、ここぞとばかりに「地頭さま、餅を取って下さい」——なんて厚かましい——地頭はそんな太郎をなぜか気に入って、里の者に「この男に毎日飯を上げること」と言って、立ち去って行きました。

なぜ寝てばかりいるの

太郎にはささやかな家がありました。竹を四方に立て、薦《こも》を屋根代わりに被《かぶ》せただけのものです。それでも太郎にとっては雨風防げる家です。大体寝てばかりいるのですから、自分が横になれる畳一畳ばかりの空間があればそれで十分なのです。

太郎には退屈というものがありませんでした。寝ている時は、〝夢〟を見ています。夢の中の太郎の家は、いつも四季の景に満ちた、極楽浄土のような所です。そして目覚めると食べ物があります。それを太郎は寝たまま食べるのです。太郎は幸せでした。時々カラスや犬にその食べ物を奪われることがあったとしても——「飯はまた来る」と怒りも心配も致しません。太郎はそういう訳で、夢を見るために寝てばかりいるのでした。

京へお勤め

そんなある時、里に都から三か月の「夫役《ぶやく》」当番が回って来ました。都に行くのはいいのですが、三か月も家を離れなければならないのは苦痛です。それで誰も「行く」と言いません。そこで里の人は、相談し、「そうだ、太郎を行かそう」ということになりました。それを太郎に告げると、案の定「働くなんて嫌だ」と言います。里の人は「京はいい所、美しい女の人もいる」と太郎を誘います。太郎はなんだかだんだんその気になって「京に行こう」となるのです。

変身と歌

ここから太郎の変身は始まります。太郎は立ち上がり、歩きます。京への旅。道行《みちゆき》。不思議です、ちっとも「ものくさ」くないのです。面倒でないのです。それどころか心がうきうきします。そう思っている間に京に到着、高貴な方のお屋敷にご奉公。太郎は〝まめ〟に働きました。あっという間の三か月。その家の主、いたく太郎を気に入って、後もう少し働いてくれとなって、七か月のご奉公。

そして、いよいよ帰郷の日です。「うん、僕は何をしに京に来たのかな?」——そう、美しい妻を娶《めと》るためだった——「でもどうしたら、いいのだろう」。宿の主人が太郎に知恵を付けます。「辻取《つじと》り」ということを教えます。「好きな女の人を見つけたら奪えばいい」——随分乱暴なお話ですが、太郎の時代、室町時代では許された行為でした。奇《く》しくもその日は十一月十八日。観音の縁日。

そこで太郎は清水寺に。その頃清水寺は観音信仰の人たちが皆々参る場所でしたから、女人もたくさんやって来ました。そこで太郎は「これぞ」と思う美人に出会います。もちろん、田舎者で美男子でもない、むしろ見た目は汚い太郎に追いかけられて美人、逃げます。それでも太郎は諦めません。そして〝歌〟で問答。美人の心も少し落ち着き自分の住まいを歌に託して帰って行きました。

太郎は美女の家を見付け、床下で待ちます。そして床に上げてもらってまた歌問答。

美人はだんだん太郎の歌の才能から太郎の人柄に引き寄せられて、ついに太郎の妻となることを承知するのです。

二人は仲よく信濃の国に下ります。実は太郎の先祖、天皇で、太郎は天皇の王子のその御子が信濃の国に流された時に生まれた「善光寺如来の申し子」だったのです。つまり太郎は物語では最も尊い存在とされる「流《なが》され王《おう》」の子だったのです。その後は、太郎、身分通りの所領を得て美しい優しい妻と暮らし大勢の子をもうけ、物語は、はっぴいえんど。

「ものくさ」から「まめ」に

太郎の物語は、私たちに「風変わり」に見える人も、怠け者で不器用と思われている人も、ちょっとしたことで変身するのですよと言っています。「旅をする」とか、「環境を変える」とか、そんな些細《ささい》なことで、怠け者がまめな人になりますよ、と。不器用と思われていた人も、器用になるのですよ、と。そして奇人・変人と言われる人ほど、多く才ある人なのですよ、と。

因みに「この〝物語〟を読んで人に聞かせれば、みんな幸福になります」と、物語の最後に書かれています。

終章

「子どもたち」のために出来ること

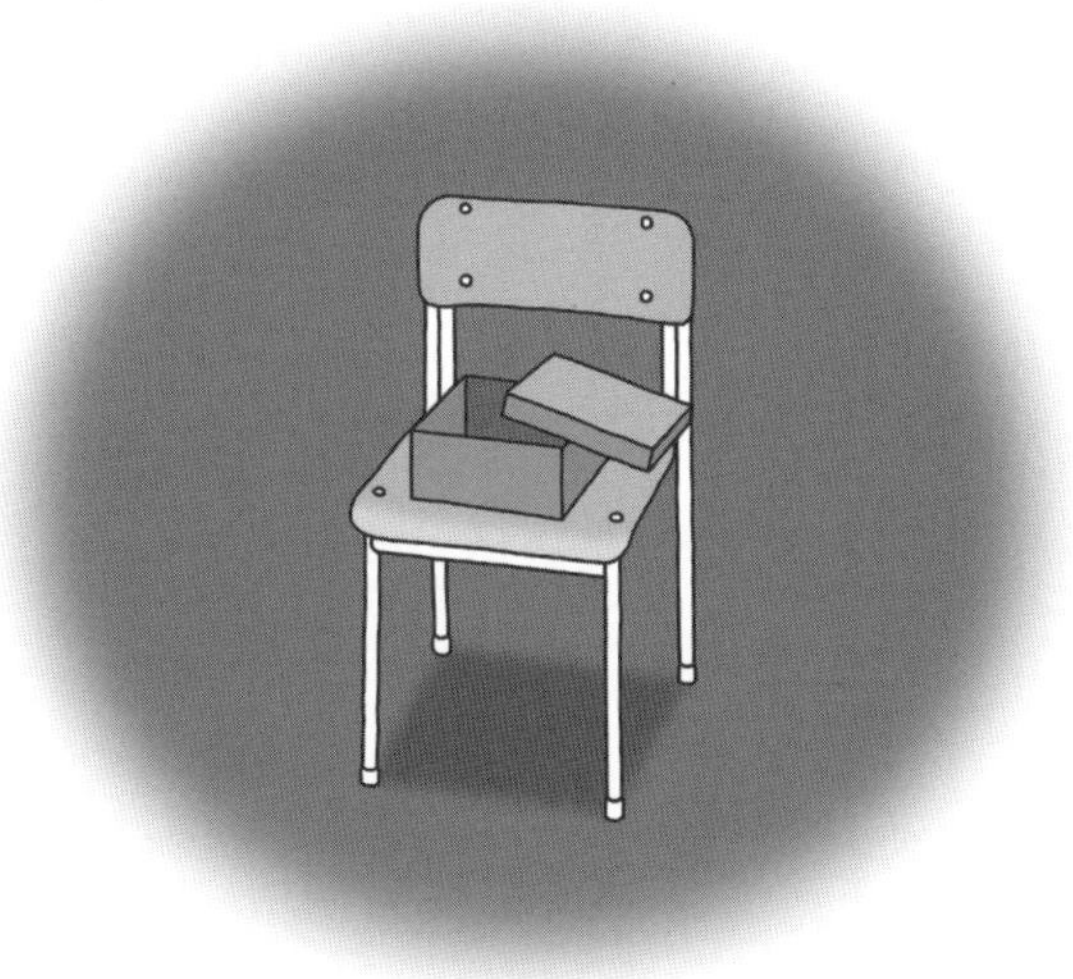

「子どもたち」と発達障害

このシリーズのテーマは「発達障害を語る」という前に、「子どもたちのことを考える」ということがありました。子どもたちと、その周りを取り囲む人たちに、何か伝えることが出来たらいいな、という思いから始まりました。しかし、「子どもたちのこと」と言ってもテーマが広過ぎるので、発達障害を通して子どもたちのことを考えようということになりました。

それで『発達障害が映す子どもたち』という題名《タイトル》を付けることになったのです。

そして最初に「論」を書き、それから「症例」をなるべく多く書くことにしました。「症例」はそれぞれの子どもたちの物語として描き、後から「コメント」という形で、発達障害についての若干の説明をしようと思いました。

「症例」では個人が特定出来ないようにしなければならないこともあって、少し古い症例を扱っています。古いと言ってもここ十数年の話なのですが、この間に生活環境が急速に変化しています。

インターネット環境

発達障害者支援法が施行されたのは二〇〇五年四月ですが、ちょうどその年の二月十四日にユーチューブ（YouTube）が設立されています。その前年の二〇〇四年にはフェイスブック（Facebook）が、その次の年の二〇〇六年にはツイッター（Twitter）が設立されています。また今では多くの人がライン（LINE）を利用されていることと思います。

インターネット環境の変化に伴い、小学校高学年でも、ゲームの時間が長いという以前からあった問題に加えて、ユーチューブを見る時間が長いということがしばしば問題になってきています。また、発達障害の対人関係の問題は、ラインなどのＳＮＳ（ソーシャル・ネットワーキング・サービス）利用によって、問題となる空間が広がっています。

例えば友だちとのやり取りの中でのトラブルや、時には女の子で自分の裸の写真をネット上にアップしてしまうという問題などです。リストカットなどの自傷の写真をアップすることもよく見られます。

そのため発達障害の診察の現場でも、このようなインターネットの利用の問題を扱わざるを得なくなっています。以後の「症例」でも少しずつ述べていきます。

隔靴掻痒の思い

この第三巻では、「症例」に入る前に、「発達検査」と「起立性調節障害」の話を取り上げています。

いわゆる「発達検査」は発達障害の診断を確定するための検査ではないため、あえて第一巻、第二巻ではまとめて扱いませんでした。

しかし、発達障害の診療においては役に立つものであることには間違いありません。その有用性については本文に示しました。

ただ、その検査を医師が上手く利用出来ていないのではないかという懸念《けねん》があります。それは良く書けた検査結果のレポートだとしても、心理士のレポートを読むだけでは不足だからです。困ったことに、検査内容は公に出来ないこともあって、「発達検査」（たいていは知能検査）を発達障害に生かすコツについては、一般的な書物から得ることは難しいと思われます。

この第三巻はそういう制限から、特に隔靴掻痒《かっかそうよう》の感が否《いな》めないところがあり、それが残念です。

身体のSOSから気付く

起立性調節障害を取り上げたのは、循環器（血液循環調節機能の障害）以外の問題にも早く気付いてあげて欲しいという思いからです。

中学生になって不登校となり、教育相談を受ける子の中には、小学校の時から起立性調節障害と言われて通院している子をよく見ます。起立性調節障害と診断された子は、低血圧の薬を飲んでいたり飲んでいなかったりと様々ですが、いずれにしても「様子を見ましょう」と態《てい》よく先延ばしにされている子が多いのが現状です。

「様子を見る」というのも大事なことですが、どのように「様子を見る」のかを示すことが大事です。子どもは日々成長しているので、一日一日が大切です。学校行事のスケジュールを睨《にら》みながらの、細かい介入が必要になってきます。序章にも書きましたが、その結果、結局「自閉スペクトラム症」だったということもしばしばです。

小学校の高学年での身体のSOSの奥に潜んでいるものが何か、それを考えて頂ければと思います。

中学生になると目立つ症状

中学生の自閉スペクトラム症の理解では、精神症状の理解が欠かせません。中学になると突然精神症状が現われるという訳ではないのですが、精神症状として目立つことが増えてきます。

従って、中学生を扱う第四巻では、「症例」の前に精神症状について、少しまとめておきたいと思います。初めに精神症状を表現する言葉をいくつか説明して、「うつ」を中心とする気分障害の話をし、そしてこの第三巻でも少しお話しました「解離性障害」の話を予定しています。

資料

遠い風景

事件となった事例

A男　中学三年生　十五歳　男子　自閉スペクトラム症

A男は中学三年生の時に脅迫事件で逮捕されました。
事件の概要は以下のようなものでした。

ストーカー殺人事件

A男は中学二年生の時にふとした事で犯罪への興味を持ち始めて、色々な犯罪本を買って読むようになりました。そんな中でA男はB先生に対して悪戯《いたずら》電話を掛けるようになりました。また、B先生の自宅の近所の家に、B先生の評判を落とすような内容の電話を掛けていました。

ちょうどその頃、あるストーカー殺人事件が世間の耳目《じもく》を集めていました。ある女子大生が元交際相手の男を中心とする犯人グループから、誹謗中傷《ひぼうちゅうしょう》のビラを撒かれるなどの嫌がらせを受け続けた末に殺害された事件です。A男はその事件のニュースを見て、B先生に対する誹謗中傷のビラを撒《ま》くことを思い立ちました。そこでビラを作る道具を揃えて、数か月後に実際にビラを撒いて逮捕されました。

B先生というのは、A男の小学一年生の時の隣のクラスの担任で、A男は小学二年生以降もB先生の受け持ちのクラスになったことはありませんでした。

「A男が悪い」

A男が小学一年生になった初めの頃にこんな一日がありました。

A男が給食を食べ終わって遊びに行こうとした時に、B先生が残った給食を見て、A男を呼び止めました。そして「あなたが残したんでしょう」などとA男に注意をしました。A男は残したのは自分でないということをB先生に言ったのですが、全く取り合ってもらえなかったと言います。

「帰りの会」では、その日に「悪いことをした人」の名前を挙げることになっていました。A男は給食の一件で、「悪いことをした人」として名前を挙げられました。そしてクラスの皆も「A男が悪い」ということに同意しました。

このようなことがあってから、A男は学年全員から犯罪者を見るような目で見られているると感じるようになりました。

一方、B先生はその日のことは全く記憶にないどころか、A男の小学校の六年間、A男と話した記憶はありませんでした。この事件後にようやく、小学校にA男がいたことを思い出したぐらいです。

A男の考え

「話し合い」に来る

A男はB先生に直接危害を加える気持ちはなく、ビラを見た保護者が学校の内外でB先生の噂を立て、B先生が周りから白い目で見られたらいいと思っていました。

また、A男としては、B先生は警察に届けを出さずに、弁護士を通じて話し合いに来ると思っていました。A男はB先生の方から謝りに来るべきだと思っていたし、今でもそう思っていると言います。そしてB先生が謝りに来れば、「小学一年生の時に喧嘩を売って来たから、やられても仕方ないじゃないですか」と言おうと思っていたといいます。

自閉スペクトラム症との関連

特別なこととしての記憶

小学一年生の給食の時の出来事をB先生が全く覚えていないことは無理もないことです。B先生が行った行為は、B先生に誤解があったとしても、学校生活では普通にみられる生徒への一般的注意と考えられるからです。このような出来事は日常生活においては、何か特別なことがない限り記憶に残っていないものです。しかしA男にとっては「B先生に喧嘩を売られた」という特別なこととして記憶されました。

様々な状況での人と人とのコミュニケーションや相互作用の障害が、いわゆる「場の読み違《たが》え」という状況を引き起こし、他の人なら記憶にも残らないことが、特別なこととして記憶されることになってしまいます。

色褪せない事実

さらに「B先生に喧嘩を売られた」というA男にとっての事実は、少なくとも事件のあった中学三年生まで色褪《いろあ》せない事実として固執することになりました。自閉スペクトラム症の「行動・興味・活動の限局した繰り返し」はこのような固執を生むことにもなります。

A男の対人的相互性の障害は、犯行の目的の誤解も生み出します。

赤いペン

A男の誹謗中傷のビラは赤いペンで書かれ、「殺す」という言葉も書かれていました。一般的には、「殺す」と書いてあれば、B先生に危害を加える目的と理解してしまいます。しかも赤い文字は血を連想させるのでなおさらです。しかし、A男の「殺す」は、本当に危害を加えるとか、殺してしまいたいほど憎んでいるといったものではなかったようです。

A男にはなぜ皆が「殺す」という文字に、重大なこととして反応しているのかが理解出来ていませんでした。またなぜ、「赤い文字」かというと、たまたま近くに赤いペンが置いてあったので、それを使っただけのことでした。

A男の書いたビラは、普通はB先生に危害を加えるものとして受け取られて然るべきものなのですが、A男はB先生に身体的な危害を加える気は全くなく、B先生が周りから白い目で見られるためのものでした。

「動機」について

小学校一年生の恨み

A男の自閉スペクトラム症に気付かなければ、事件はだいたい次のように理解されるでしょう。

つまり、「少年はB先生が給食の時に自分を注意したことを恨みに思って、B先生に対する誹謗中傷のビラを撒いた」ということになると思います。そして犯行の動機は、B先生に対する恨みとして心理的に解釈されることになります。

しかし、そうすると小学一年生からの恨みが、「なぜ今」だったのか、「なぜ今、事件が起こったのか」という疑問が生じてしまいます。

リセットの要求

自閉スペクトラム症でよく見られるのは、出来事が生じたところへ立ち戻る要求、いわゆるリセットの要求です。リセットすることで全てが上手くゆくと考えます。この考えは調子が良い時には影を潜《ひそ》めていて、日常生活で上手くいかないことがあると出て来やすくなります。

A男の「動機」は、「B先生に喧嘩を売られた」時点への「立ち返り」を求めるリセットの要求です。A男はその時点へ立ち返って、B先生に謝罪させることでリセット出来ると考えています。

事件への動因

一般的に、動機は「感情的」に考えられますが、自閉スペクトラム症の場合、心理的要因の解釈は障害特性を考え合わせたものでなくてはなりません。

また「なぜ今」かの問題は、事件への動因といったものを考えるといいと思います。

A男は中学二年生の時に犯罪本を購入し、たまたまストーカー事件をニュースで見て犯行の方法の着想を得ます。この「犯罪本の購入」、「ストーカー事件をニュースで見たこと」がこの脅迫事件の動因となっており、その動因が「なぜ今」かの解答の一つです。

主要参考文献

DSM-5, The American Psychiatric Association, 2013

日本精神神経学会『ＤＳＭ－５』医学書院、二〇一四年

Edited by Fred R.Volkmar, Rhea Paul, Ami Klin, Donald Cohen, *Handbook of Autism and Pervasive Developmental Disorders*, John Wiley & Sons,Inc., 2005

二巻あるハンドブックです。専門家なら揃えておいてもいいのではないでしょうか。

Hans Asperger, "Die „Autistischen Psychopathen" im Kindesalter.", *Archiv für Psychiatrie und Nervenkrankheiten*, 117, 1944, pp.76-136

ウィーン大学に提出された、今では言わずと知れた名論文です。最初のところは精神病理のことを知らないと難しいかも知れません。もちろんドイツ語です。

M・F・ベアー・B・W・コノーズ・M・A・パラディーソ著、加藤宏司・後藤薫・藤井聡・山崎良彦訳『カラー版　神経科学――脳の探求』西村書店、二〇〇七年

読みやすい教科書です。

S・M・ストール著、仙波純一・松浦雅人・太田克也監訳『ストール精神薬理学エセンシャルズ』メディカル・サイエンス・インターナショナル、二〇一五年

Dawn P. Flanagan and Alan S. Kaufman, *Essentials of WISC-IV Assessment*, John Wiley & Sons,Inc., 2009

Dawn P. Flanagan and Vincent C. Alfonso, *Essentials of WISC-V Assessment*, John Wiley & Sons,Inc., 2017

Elizabeth O. Lichtenberger and Alan S. Kaufman, *Essentials of WAIS-IV Assessment*, John Wiley & Sons,Inc., 2009

Alan S. Kaufman・Elizabeth O. Lichtenberger・Elaine Fletcher-Janzen・Nadeen L. Kaufman 著、藤田和弘・石隈利紀・青山真二・服部環・熊谷恵子・小野純平監修『エセンシャルズ ＫＡＢＣ－Ⅱによる心理アセスメントの要点』丸善出版、二〇一四年

日本小児心身医学会編『小児心身医学会ガイドライン集』改訂第２版、南江堂、二〇一五年

小児起立性調節障害診断・治療ガイドラインが載っています。

矢崎義雄総編集『内科學（第11版）』朝倉書店、二〇一七年

医学部では一般的な内科学の教科書です。

十一元三監修、崎濱盛三著『発達障害』（思春期のこころと身体Q＆A⑤）ミネルヴァ書房、二〇一九年

索　引

あ　行

か　行

さ　行

た　行

ま　行

や・ら・わ　行

欧　文

コラム執筆：西川照子
＊「私、同時処理が苦手なんです」、「自動運転……と気象病」は著者
図・表、注原案作成：エディシオン・アルシーヴ

《著者紹介》

崎濱盛三
（さきはま　もりみつ）

洛和会音羽病院神経精神科副部長

1958年、大阪府に生まれる。
1994年３月、京都大学医学部卒業。
1994年４月、京都大学医学部附属病院精神神経科入局。
1995年４月、京都大学医学部附属病院老年科入局。
1995年９月、市立舞鶴市民病院内科勤務。
1997年４月、水口病院精神科勤務。
1999年４月、大津家庭裁判所医務室技官勤務（非常勤）。
　　　　　　大津地方裁判所・家庭裁判所健康管理医
　　　　　　（2007年９月まで）。
2000年４月、滋賀里病院精神科勤務。
2002年４月、滋賀里病院心療内科勤務。
2004年４月、高松赤十字病院精神科勤務。
2006年２月、洛和会音羽病院神経精神科勤務。

現職
洛和会音羽病院　神経精神科副部長
滋賀県子ども家庭相談センター　児童担当嘱託医師
児童心理治療施設さざなみ学園　嘱託医師
同志社女子中学・高等学校　発達相談医療顧問
延暦寺学園比叡山中学・高等学校　教育相談スーパーバイザー
京都市立東総合支援学校学校医

著書
『発達障害からの挑戦状』WAVE出版、2013年
『発達障害――精神科医が語る病とともに生きる法』〈思春期のこころと身体Q&A⑤〉 ミネルヴァ書房、2019年

シリーズ・症例が語る「発達障害」③
小学校高学年　発達障害が映す子どもたち
――症状の本性が見えてくる――

2021年8月30日　初版第1刷発行　〈検印省略〉

定価はカバーに
表示しています

著　者　崎　濱　盛　三
発行者　杉　田　啓　三
印刷者　坂　本　喜　杏

発行所　株式会社　ミネルヴァ書房
607-8494　京都市山科区日ノ岡堤谷町1
電話代表　(075)581-5191
振替口座　01020-0-8076

冨山房インターナショナル・藤沢製本

ISBN 978-4-623-08948-2
Printed in Japan

シリーズ・症例が語る「発達障害」
全5巻
崎濱盛三 著

①就学前 発達障害が映す子どもたち
0歳から始まる症状

②小学校低学年 発達障害が映す子どもたち
症状が表面に見えてくる

③小学校高学年 発達障害が映す子どもたち
症状の本性が見えてくる

④中学生 発達障害が映す子どもたち
疾患名がわかってくる

⑤高校生 発達障害が映す子どもたち
症状が拡大してゆく